# 詩編を読もう 上

## 嘆きは喜びの朝へ

広田叔弘

HIROTA, Yoshihiro

日本キリスト教団出版局

本書の聖書の引用は基本的に『聖書　新共同訳』
（日本聖書協会）に基づく。

# はじめに　詩編をどう読むか

本書（上・下巻）は、キリスト教放送局日本ＦＥＢＣが制作した『嘆きは喜びの朝へ――十字架のもとで祈る詩編』（二〇一四年十月から二〇一六年三月放送）の原稿に加筆したものです。番組を制作する際の要点は、「十字架の光の中で詩編の言葉を聴きたい」というものでした。単に詩編を講解するというのではなく、「わが神、わが神、なぜわたしをお見捨てになったのですか」私たちの現実を担ってこのように祈る主キリスト（マルコ15・34）を仰ぎながら、詩編の言葉を聴きたいというものです。その姿勢は、詩編の祈りに私たちの心を重ね、主に祈りをささげるものでした。

各章の終わりには祈りが記されています。一つ一つがリスナーと共に詩編の言葉を聴き、その後で祈った祈りです。どうぞ、読むだけで終わらないでください。各章を読み終わったら十字架についた主を思い起こし、あなたの祈りをささげてください。

## 夜は夜もすがら嘆き悲しんでも
## 喜びは朝日と共に明けそめる。

かつて30編6節をこのように訳した人がいました。詩編を考えるとき、必ずこの一節を思い出します。私たちはどれほど嘆きの夜を過ごしてきたことでしょう。朝が来たならば病院へ行く。間もなく死にいく家族の許《もと》へ行く。このような出来事を何度も味わいました。未熟さのゆえに失敗をします。人から責められます。そして傷ついた自分の心を繰り返して責めてしまう。やがて人が憎くなります。怒りを覚え、抱く怒りが自分自身を疲れさせます。そして投げやりな気持ちになってつぶやくのです。「あーぁ、めんどくさい」。生きること自体が、どうしようもなく億劫《おっくう》になることがあります。

このような私たちの姿は、ヤボク川を前にした族長ヤコブに似ているのではないでしょうか（創世記32章以下）。朝が来れば兄エサウと再会します。エサウは四百人の手勢を連れてこちらへ向かっています。殺されるかもしれない。自分が悪いのです。兄を騙《だま》しました。罪の報いが来たのです。しかし、ヤコブも努力と忍耐を重ねてここまで歩んできました。どこで間違ったのか、何をどうすればよかったのか……。

私たちが経験する嘆きの夜はきれいなものではありません。ドロドロとして重く生臭いものです。

そのくせ妙に静かなところがあります。生と死、希望と絶望が共存しています。この現実を生きるしかないから、心は静かになるのです。そして夜は明けます。「もうダメだ」と思うのですが、不思議とダメにはなりません。

「ダメだ、ダメだ」と言いながら、生かされてきました。嘆きの夜が喜びの朝に変わる、恵みの不思議を与えられてきたのです。

旧約学者のヴェスターマンは次のように述べています。「詩編の神への呼びかけは、ほめたたえと嘆きの二つで決まる」（『詩編選釈』C・ヴェスターマン著、大串肇訳、二〇〇六年、教文館、一六頁）。詩編の祈りは、「ほめたたえ（賛美）」と「嘆き」の二つに収斂《しゅうれん》するというのでしょう。そしてこの二つは、関わりのない双璧として並び立つものではないはずです。むしろ二つは重なっていくのだと思います。代表的なのは22編です。

**わたしの神よ、わたしの神よ**
**なぜわたしをお見捨てになるのか。**
**なぜわたしを遠く離れ、救おうとせず**
**呻《うめ》きも言葉も聞いてくださらないのか。**

苦難の中で神の沈黙を嘆きます。前半はもっぱら嘆きをうたい続けます。そして後半からは、一転して賛美をうたい始めるのです。

**わたしは兄弟たちに御名を語り伝え**
**集会の中であなたを賛美します。**
**主を畏れる人々よ、主を賛美せよ。**

嘆きだけでは愚痴になるでしょう。嘆きを無視した賛美であれば力にはなりません。嘆きと賛美が一つになって生きる力をもたらします。相反する二つが一つになるところに恵みの神秘があると言えるでしょう。この神秘に出会って詩編の言葉は、私たちの信仰の言葉になります。

詩編には、王国時代から紀元前一〇〇年ごろまでに作られた詩が集められていると考えられています。大きなまとまりとしては、ダビデの名が付いている「ダビデ歌集（3—41編）」、コラの名が付いている「コラ歌集（42—49編）」、アサフの名が付いている「アサフ歌集（50、73—83編）」、あるいは「都に上る歌（120—134編）」と見出しが付いている「巡礼歌集」などがあります。

私が意を注いだのは各詩にある歴史的な背景です。もちろん詳細にわかっているわけではないのですが、それぞれの詩が生み出された背景を大切にしました。詩編には報復の詩があります。私たちにとってはつまずきとなるところです。しかしこれを「旧約の限界」のように考えたくはありません。例えば137編です。8から9節では次のようにうたわれています。

**娘バビロンよ、破壊者よ**
**いかに幸いなことか**
**お前がわたしたちにした仕打ちを　お前に仕返す者**
**お前の幼子を捕えて岩にたたきつける者は。**

南ユダ王国はバビロニア帝国によって滅ぼされました。王国最後の王ゼデキヤは捕えられ、眼前で自分の息子である王子たちが殺されました。この後彼は両眼を潰されてしまいます。民はバビロンの地に引いて行かれました。「歌って聞かせよ、シオンの歌を」。バビロニアの人々から捕囚の身の上をからかわれ、惨めな有様を笑われています。民は筆舌に尽くしがたい不幸を経験しました。心は屈辱と怒り、数えきれない悲しみに埋め尽くされています。このような背景を知れば、うたわれている内容は新しい意味を持つでしょう。単に「旧約の昔に起きた出来事」ではありません。心の奥に隠した、〝私の叫び〟に重なることさえあるのです。

言葉は喜怒哀楽を表します。そして、矛盾する言い方ですが、言葉は表しきれない人の心を表現するものです。コンテキストを踏まえなければ言葉の意味を捉えることはできません。できるだけ言葉が生み出された歴史的な背景と、その時を生きているうたい手の心を考えて、各詩を理解するように努めました。

私は聖書に正解という解はないと考えています。御言葉がそれぞれの心のひだに触れるとき、その人でなければ聴き取ることができない絶妙な音を響かせます。聖書の言葉は、聴く一人一人に固有な仕方で語り掛けてくるのです。しかし千変万化ということではありません。聖書には一本の柱があります。その柱は聖なるもので、人間が変更を加えることはできません。聖書に立つ一本の柱、それは、「イエスはキリストである」。神さまご自身が与えた不動の証言です。この福音を信じる信仰に立って、聖書の言葉を聴き続けたいと思います。

詩編の言葉を学び、十字架を仰いでメッセージを汲みました。詩編の言葉、そこにある詩人たちの心に自らの心を合わせ、それぞれの祈りを主にささげることができれば大きな幸いです。

# 目　次

装丁　桂川　潤

# 第1編　いかに幸いなことか

第1編では、相反する二つの生き方が語られています。一つは「主の教えを愛する人」。もう一つは「神に逆らう者」。相反する生き方を示して、神さまを愛し、信頼する人々の幸いを語っていきます。

いかに幸いなことか
神に逆らう者の計らいに従って歩まず
罪ある者の道にとどまらず
傲慢《ごうまん》な者と共に座らず
主の教えを愛し
その教えを昼も夜も口ずさむ人。

**その人は流れのほとりに植えられた木。**
**ときが巡り来れば実を結び**
**葉もしおれることがない。**
**その人のすることはすべて、繁栄をもたらす。**（1―3）

「いかに幸いなことか」最初にあるのは幸いです。「神さまを愛する者はなんと幸いなことか」。次に、具体的な生き方を示します。神に背く人々に与《くみ》しない姿勢を、三通りにわたって語っていくのです。

**神に逆らう者の計らいに従って歩まず**
**罪ある者の道にとどまらず**
**傲慢な者と共に座らず**

「歩まず」「とどまらず」「座らず」。このようになってはいけない、という仕方で、神に背く者の姿勢が三通りにわたって語られていきます。最初の「歩む」は、「出たり入ったりする」という意味です。神さまに逆らう者たちのところへ出たり入ったりする。近づいたり離れたりするのです。次の「とどまる」は、「立脚する」という意味です。はじめはためらっていました。出たり入ったりしていたのです。けれども、段々と馴染《なじ》んでいきます。とうとう、神に背く者たちのところに自分の立ち位置を持ってしまう。そして最後の「座らず」。「座る」とは、自分の席を持つことです。神に背く者たちの場所に席を持ち、どっしりと座る。そして出たり入ったりしている人たちを、神に背く者の世界へ招くのです。詩人は単に言葉を重ねているのではありません。彼は見てきたのです。現実を見てきた。最初は神さまを信頼していました。しかし段々と、心が神なき世界へと惹かれていく。やがてそれが当たり前になります。神なき世界が自分の立ち位置になってしまう。そして現実に酔うのです。「忙しくて神さまを信じている暇がない」「神さまを信じるのもいいことですね」。今日でもよく聞きます。自分の人生から、神さまを追い出してしまうのです。

詩人は、「こうなってはいけない」と言います。これは禍《わざわい》であって、反対に「主の教えを愛し、その教えを昼も夜も口ずさむ人は幸いだ」と言うのです。

「主の教え」、原語では「トーラー」という言葉が使われています。「律法」「規範」「教え」と訳す言葉です。日本語にすると、固い響きを感じるのではないでしょうか。場合によると、分厚い壁のようにさえ思えてしまう。しかしユダヤ人にとって「トーラー」は固いものではありません。むしろ、甘いものです。神さまは力強く人を愛します。守り、養い、導く方です。この神の心の表れであるトーラーには、甘さがある。恵みの甘さがあるのです。深い甘さがある。このトーラーを「昼も夜も口ずさむ」。神の言葉をわが身に宿らせます。表現を変えれば、トーラーを身にまとって、神さまの心の中に自分の居場所を見いだすのです。

**その人は流れのほとりに植えられた木。**
**ときが巡り来れば実を結び**
**葉もしおれることがない。**
**その人のすることはすべて、繁栄をもたらす。**

水路のほとりに木が植わっています。夏の日照りが襲っても、根っ子は水を得ているので枯れることがありません。木は成長を続けます。ときが巡ったその後に、豊かな実を付けるようになる。神の教え、慈しみ、愛の心です。このトーラーを身にまとい、神の心の中に自分の場所を見いだす人は、豊かに生かされていくと言うのです。

**神に逆らう者はそうではない。**
**彼は風に吹き飛ばされるもみ殻。**
**神に逆らう者は裁きに堪えず**
**罪ある者は神に従う人の集いに堪えない。**（4―5）

麦粒を脱穀します。この際、ふいごを使って殻を吹き飛ばしたと言います。実だけが残って、もみ殻は吹き飛ばされていきます。神に逆らう者はこのようなもの。空しく、風に吹き飛ばされていくと言います。

試練の重なることがあります。子どもが突然の病で入院。大変な思いをしているさなかに、一家の主が事故を起こす。このようなことがあるものです。あるいは、いくら努力しても家庭が円満にならないことがあります。夫婦の間にいさかいが絶えなかったり、子どもが非行に走ったり。年を取った親と対立したり。人の心は弱いものです。このようなときに、現実を受け止めきれなくて、変な所へ行くのです。占い師であるとか、霊能者であるとか。彼らは言います。「ご先祖様の供養が足りていない。ご主人が事故に遭ったのはこのことを伝えているのです」、「家の墓石に傷がついていませんか。それが禍して家庭に不和が絶えないのです」。もっともらしいことを言います。そして当事者はこの言葉を信じて、現実を正しく見る目を失うのです。夫婦仲が悪いのは、夫と妻の問題です。子どもが非行に走っているなら、親がその子と向き合わないで、どこに解決があるのでしょう。現実に目を向けて努力を続けなければなりません。この当たり前なことを迷信とまじないにすり替えるのです。

信仰はレーダーのようなものです。レーダーがなければ、船も飛行機も、自分が今どこにいるのか、どこへ行こうとしているのか、わからなくなってしまう。「聴くべき神の言葉を聴き、仰ぐべき神を仰ぐ」これができていないと、人は迷います。この末に、辛い現実に呑み込まれて、インチキな宗教者に騙《だま》される。大切な人生が、風に吹き飛ばされるもみ殻のようになってしまうのです。

「神に逆らう者」、特別に、悪いことをする人だけに限りません。平凡な私たちが、暮らしの中で神さまを侮るのです。忘れるのです。この結果、道を踏み外すことがある。

以上のとおり、神に従う者の幸いと、神に背く者の禍が語られました。内容に異存はありません。そのとおりです。けれどもここで、もう少し深く考えたいのです。語られていることはそのとおり。しかし世の中は、このようにいくのだろうか。「神さまに従う人は、流れのほとりに植えられた木のように、枯れることはなく実を結ぶ。そのなすことはすべて繁栄をもたらす」。反対に、「神に背く者は、風に吹き飛ばされるもみ殻のよう。いつの日か滅びに至る」。本当に、そうなのだろうかと思う。「言っていることはわかるけれど、現実はこうはいかない」、そう思うのではないでしょうか。経験的な事実を問えば、現実は理屈どおりにはいきません。神さまに従って、辛い人生を送る人がいます。反対に、神さまに背く人が、豊かで幸福な人生を送ることもあるでしょう。驚く必要はありません。聖書自身が告げていることです。コヘレトの言葉7章15節です。

**この空しい人生の日々に**
**わたしはすべてを見極めた。**
**善人がその善のゆえに滅びることもあり**

**悪人がその悪のゆえに長らえることもある。**

善い人が善いことを行った結果、滅びてしまう。反対に、悪い人が悪いことを行った結果、長生きする場合がある。このように語っているのです。

詩編に戻りましょう。実は、重要なのはここなのです。詩編第1編で語られていることを、経験的な事実として理解すると、説得力がなくなります。護教的、教訓的な響きがして、本来の力が失われてしまうのです。第1編の作者は、単に世の中の事実を語るのではありません。「神さまを信じれば祝福されます。信じないと、その人は滅びますよ」、こう述べているのではない。作者は、信仰の事実を語るのです。世の中を見れば、神さまを信頼して苦労の続く人がいます。反対に、神さまを一度も視野に入れないで、不足なく過ごしている人はいくらもいる。この中で作者は、現実に立ち向かうようにして、神に従う者の幸いを語るのです。

新約聖書を開きましょう。コリントの信徒への手紙二6章8節以下。使徒パウロの言葉です。

**わたしたちは人を欺《あざむ》いているようでいて、誠実であり、人に知られていないようでいて、よく知られ、死にかかっているようで、このように生きており、罰せられているようで、殺されてはおらず、悲しんでいるようで、常に喜び、物乞いのようで、多くの人を富ませ、無一物のようで、**

**すべてのものを所有しています。**（Ⅱコリント６・８―10）

今でこそパウロです。しかし当時の彼は、旅回りの説教者にすぎませんでした。正統派のユダヤ教から見れば、十字架についたイエスを救い主と伝えているわけですから、「人を欺く者」と見られるわけです。しかし、彼は真実です。本当の救いを宣べ伝えているのです。伝道を続ける中で何度も迫害に遭いました。投獄されては、鞭《むち》打たれた。しかし、生きています。伝道をやめたわけではない。食うや食わずの生活。しかしそのパウロが、多くの人々を救いに導き、豊かに富ませている。世の中的に見れば惨めなのです。しかしパウロは豊かです。世の中的に見れば、値打ちがないのです。しかし彼は、神と人から重んじられている。パウロは自分ひとりで生きたのではありません。わたしパウロを支えるために、働いている方がいたのです。ローマの信徒への手紙を読みましょう。８章37節以下です。

**しかし、これらすべてのことにおいて、わたしたちは、わたしたちを愛してくださる方によって輝かしい勝利を収めています。わたしは確信しています。死も、命も、天使も、支配するものも、現在のものも、未来のものも、力あるものも、高い所にいるものも、低い所にいるものも、他のどんな被造物も、わたしたちの主キリスト・イエスによって示された神の愛から、わたしたちを引き離すことはできないのです。**（ローマ８・37―39）

弱く貧しいパウロを強く豊かに生かしていたものは、キリスト・イエスによって示された神の愛です。神の愛であるキリストがいつも共にいて、パウロに力を与えていたのです。

第1編を作った詩人は、慈しみをもって人に近づく神をうたっています。私たちを愛し、生涯にわたって、生かし続けてくださる神。そうであれば、「流れのほとりに植えられた木」のように、この神さまに自分の場所を持とうと言う。そのとき、人は生きられる。喜びの日も、試練のときも人は、神によって生かされて生きることができる。このことをうたっているのです。

私たちにとって近づく神はキリストです。キリストが近づいて、「わたしのところへ来なさい」と、あなたを招いています。この方を魂の居場所にしたい。人生の立ちどころにしたいのです。そのとき、私たちは生きることができる。試練はあっても、命の水は絶えません。小さな木であっても、豊かな実を結ぶ日は、必ずやって来ます。

祈り

父なる神さま。キリストによって、あなたの愛の中へ招かれている私たちです。世の中の現実は多様です。知恵を誇る者、富を誇る者、自分自身の力を誇る者、山のようにおります。この中で、自分はどこに立てばいいのかと思う。何が真実なのか、自分はどのように生きればよいのかと思います。キリストがあなたの言葉、あなたの心の表れです。私たちは、十字架につき、復活を遂げたキリストを真のものとして、信頼します。そして神なるあなたに、魂の居場所を置きます。主よ、御国に入るその時まで、私たちの歩みを導いてください。詩編に記されているとおり、キリストの臨在をもって私たちを祝福し、実を結ぶ人生の歩みを与えてください。

主イエス・キリストの御名によって祈ります。アーメン。

# 第２編　騒ぐな

第２編は、「王の詩編」というジャンルに属します。新しく王が即位します。このときに歌い継がれてきた詩編のひとつと考えられているのです。本文を見ていきましょう。

**なにゆえ、国々は騒ぎ立ち**
**人々はむなしく声をあげるのか。**
**なにゆえ、地上の王は構え、支配者は結束して**
**主に逆らい、主の油注がれた方に逆らうのか**
**「我らは、枷《かせ》をはずし**
**縄を切って投げ捨てよう」と。**（1―3）

新しく王が即位します。王様の代替わりです。多くの場合王の代替わりは、当代の王が亡くなって、王子が王に即位するわけです。仮に、三十年、四十年と国を治めていた王が代わったなら、どうでしょう。王が代われば、仕えている重臣たちも代わります。築かれてきた国の体制が変わります。国民にとっては期待と不安が同時にやって来る。そして従属する周辺の国々にとっては、またとないチャンスになります。「強い王が倒れた。後を継ぐのは若い王子。まだ体制は整っていない」、そうであれば、王の交代は反旗を翻す絶好のチャンスになる。そこで語られます。「国々は騒ぎ立ち、人々は声をあげる」。「好機が訪れた。今こそ国を倒そう」。従属を強いられていた国と国とが結束します。「我らは、枷をはずし、縄を切って投げ捨てよう」、従属の枷をはずし、奴隷の縄を断ち切ろう。国に対する謀反《むほん》を企てると言うのです。そしてこの様子を、神さまが天から御覧になります。

**天を王座とする方は笑い**
**主は彼らを嘲り**
**憤って、恐怖に落とし**
**怒って、彼らに宣言される。**
**「聖なる山シオンで**
**わたしは自ら、王を即位させた。」**（4―6）

周辺の国々は新しい王、若い王を侮ります。ところがこの有様を見て、神が笑う。謀反を企てる諸国に対して、神が彼らを侮り、怒りを発する。

**「聖なる山シオンで**
**わたしは自ら、王を即位させた。」**

「聖なる山シオン」とはエルサレムのことです。王になる者はエルサレム神殿で任職を受けました。つまり、「神なるわたしがこの者を王に立てた。新しい王を侮る者は、わたしを侮る者」、このように言う。人間が神を侮るとは愚かなことです。そこで侮る人間たちを神が笑うのです。「若くあろうとも、小さく見えようとも、わたしはこの者を王として立てた。王を侮る者は、わたしを侮る者。王に戦いを挑む者は、神なるわたしに戦いを挑む者だ」、大いなる威嚇《いかく》を込めて語るのです。

**主の定められたところに従ってわたしは述べよう。**
**主はわたしに告げられた。**
**「お前はわたしの子**
**今日、わたしはお前を生んだ。**
**求めよ。わたしは国々をお前の嗣業《しぎょう》とし**
**地の果てまで、お前の領土とする。**

**お前は鉄の杖で彼らを打ち**
**陶工が器を砕くように砕く。」**（7―9）

祭司が、幻の中で神の言葉を聴くのです。新しい王様に取り次ぎます。

**お前はわたしの子**
**今日、わたしはお前を生んだ。**

「人間的な思惑で王になるのではない。あなたを立てたのは、神なるわたしだ」。それゆえに、王には大きな祝福が約束されます。

**わたしは国々をお前の嗣業とし**
**地の果てまで、お前の領土とする。**

新しい王は全世界を自分の領土とします。

**お前は鉄の杖で彼らを打ち**
**陶工が器を砕くように砕く。**

「鉄の杖」とは強大な軍事力を意味します。強い力をもって敵を打ち破る。その有様は、陶工が意に染まない器を砕くようだと言う。

最後は、諸国の王に対する警告と救いへの招きが語られます。

**すべての王よ、今や目覚めよ。**
**地を治める者よ、諭しを受けよ。**
**畏れ敬って、主に仕え**
**おののきつつ、喜び躍れ。**
**子に口づけせよ**
**主の憤りを招き、道を失うことのないように。**
**主の怒りはまたたくまに燃え上る。**
**いかに幸いなことか**
**主を避けどころとする人はすべて。**（10―12）

神さまを敬って、立てられた王に恭順を示せと言います。神が立てた王に従うことは神に従うこと。このようにして、地上のすべての王は新しい王に従い、神と共にある幸いの内を歩めと言う。

「王の詩編」は、新しく王が立てられたときにうたわれたものです。内容は理解できます。しかし、イスラエルの歴史を振り返るとき、語られている出来事は起こっていません。イスラエルに一人の王が立って、全世界を治めることなどは起こっていない。むしろ現実は惨めなものです。最も勢いがあったのはダビデ王。確かに彼は周辺諸国を平定しています。アラム、モアブ、アンモン、ペリシテ、アマレク、これらの国々をイスラエルの傘下に置きました。ところが、ダビデの息子ソロモンの代になれば、早くも不信仰が始まります。列王記上11章3節以下の言葉です。

**彼には妻たち、すなわち七百人の王妃と三百人の側室がいた。この妻たちが彼の心を迷わせた。ソロモンが老境に入ったとき、彼女たちは王の心を迷わせ、他の神々に向かわせた。こうして彼の心は、父ダビデの心とは異なり、自分の神、主と一つではなかった。**（列王記上11・3―4）

ソロモン王の晩年です。外国人の妻たちに誘われるままに、神に背いて異教礼拝を始めたのです。ソロモン王の息子は、レハブアムと言います。ソロモン王亡き後彼が王になります。そして国は、南ユダ王国、北イスラエル王国に分裂する。さらに王国の歴史をたどれば、北イスラエルは紀元前七二一年にアッシリア帝国によって滅ぼされています。南ユダ王国は紀元前五八七年、バビロニア帝国によって滅ぼされている。北イスラエルと南ユダ、王国のどこをとっても全世界を治めるような王は出ていません。しかしイスラエルの民はこの歌をうたい続けました。国が滅び去った後も、うたい続けたのです。詩の内容は、歴史的な事実を語るものではありません。この詩は、「信仰の希望」をうたうものです。「王は神によって立てられるもの」「いつの日か、神の心を世に現し、全世界を治める王が地上に現れる」、このことを信じて、うたうのです。
そしてこの希望は、裏切られませんでした。イエス・キリストによって実現したのです。聖書を開きましょう。使徒言行録４章23節以下の言葉です。
さて二人は、釈放されると仲間のところへ行き、祭司長たちや長老たちの言ったことを残らず話した。これを聞いた人たちは心を一つにし、神に向かって声をあげて言った。「主よ、あなたは天と地と海と、そして、そこにあるすべてのものを造られた方です。あなたの僕であり、また、わたしたちの父であるダビデの口を通し、あなたは聖霊によってこうお告げになりました。
『なぜ、異邦人は騒ぎ立ち、
諸国の民はむなしいことを企てるのか。
地上の王たちはこぞって立ち上がり、
指導者たちは団結して、
主とそのメシアに逆らう。』
事実、この都でヘロデとポンティオ・ピラトは、異邦人やイスラエルの民と一緒になって、あなたが油を注がれた聖なる僕イエスに逆らいました。そして、実現するようにと御手と御心によってあらかじめ定められていたことを、すべて行ったのです。主よ、今こそ彼らの脅しに目を留

**め、あなたの僕たちが、思い切って大胆に御言葉を語ることができるようにしてください。どうか、御手を伸ばし聖なる僕イエスの名によって、病気がいやされ、しるしと不思議な業が行われるようにしてください。」祈りが終わると、一同の集まっていた場所が揺れ動き、皆、聖霊に満たされて、大胆に神の言葉を語りだした。**（使徒4・23―31）

ペトロとヨハネが、神殿の山門の前で、足の不自由な男を癒しました。二人は主イエスの福音を宣べ伝えます。すると祭司長たちはこれをとがめて、ペトロとヨハネを逮捕します。やがて二人は釈放され、仲間たちのところへ戻って来ました。このときささげられた祈りが、今読んだところです。

地上の王が並び立っていました。力を競い合います。そして神さまは新しく王をお立てになります。

**「聖なる山シオンで**
**わたしは自ら、王を即位させた。」**

新しく立てられるのはただの王ではありません。地上の王たちを治める王です。初代教会の人々は、この王こそイエスだと考えました。けれども、イエスに王としての輝きはありません。このお方はロバの子にまたがってエルサレムに入城しました。裸の体に鞭《むち》を打たれ、十字架の上で死んだのです。どこに王としての輝きがあるでしょう。しかし初代教会は、イエスの受難にこそメシアのしるしを認めました。２編にうたわれているとおりです。人々はキリストに背き反逆を企てました。そして主イエスはすべての人々の背きを負って十字架につき、世を救ったのです。初代教会はこのことを信じます。十字架のキリストが原点です。弟子たちはこの恵みに押し出されて、「福音の救いが前進するために、自分たちを用いてください」と祈るのです。

自らの信仰を振り返ってみましょう。私たちは、何を神さまに祈っているのでしょう。自分のために祈ります。「信じることができますように」。混乱する人間関係があります。顔を見るだけで緊張する相手がいるのです。「助けられ、導かれるように」と祈る。困難な現実には解決が与えられることを願い、病気があれば健康を願います。併せて家族の救いのために祈るでしょう。当然のことです。そしてこの中で、他人のために、どれほど祈るでしょう。誰かのことを覚えて陰ながら祈る。教会が祝福され、伝道が前進することを願って祈る。他者のためにどれほど祈っているでしょう。「自分のことだけで精一杯。とても人のことまで心配できない」。あるいは、具体的に時間を取って祈ることさえ、乏しいのかもしれません。

主キリストの救いは、私たちだけに留まりません。このお方は全世界を導く救い主です。人種、地域、言語、文化を越えて、あらゆる人々に働く救い主。歴史を貫いて、世に福音をもたらすお方です。

キリストは愛と忍耐によってご自身を世に与えました。そしてこの福音を伝える担い手こそ、私たちなのです。自分のことだけを考えて主イエスを信じると、イエスさまは段々と小さくなっていきます。まるで、私の心という小さな籠の中に、閉じ込められた方になってしまう。自分のことだけを思う中で私たちは、隣人に働き、世に働くキリストを見失うのです。

第2編は、歴史的、世界的なスケールで神の救いを語ります。そしてこれは本当のことです。日本の歴史をたどれば、一五四九年にフランシスコ・ザビエルが鹿児島に上陸しました。彼はスペイン人です。西の宣教師が東の果てまでやって来た。私は二十歳の年まで、神さま仏さまを信じていました。今では牧師になっています。あなたはどうでしょう。信じない者から、信じる者に変えられたはずです。復活のキリストは今も、全世界に、あらゆる人々に働いています。そしてこの事実を受け止めるとき私たちは、他者の救いに希望を持つことができるのです。「私の主は、あなたの主。キリストの手が届かない人、キリストの手が及ばない地域はない」と、希望を持つことができます。さらにこの希望が私たちを恵みの世界へ押し出していきます。人知れず他者のために祈ったり、教会や隣人のために苦労をする。大きな使命を抱いてまだ見ぬ地へ出て行くこともあるでしょう。私たちが福音のワーカーになって、キリストが治める世界へ踏み出していくのです。踏み出していきましょう。心の中に留まっていたのではダメです。主イエスを信頼して、広い世界へ出ていくのです。

最後に、主キリストご自身の言葉を聴きましょう。マタイによる福音書28章18節以下の言葉です。

**イエスは、近寄って来て言われた。「わたしは天と地の一切の権能を授かっている。だから、あなたがたは行って、すべての民をわたしの弟子にしなさい。彼らに父と子と聖霊の名によって洗礼を授け、あなたがたに命じておいたことをすべて守るように教えなさい。わたしは世の終わりまで、いつもあなたがたと共にいる。」（マタイ28・18—20）**

祈り
父なる神さま。この世には、力を持った人たちがたくさんおります。善い人もいれば、悪い人もいます。平和な地域があり、戦争の絶えない地域があります。そして、この世を治める真の王はキリストです。私たちに、このことを受けとめさせ、私たちを福音の担い手として世に遣わしてください。出て行く先は、見知らぬ外国かもしれません。教会には関心を示さない家族なのかもしれません。主の御支配を信頼して、それぞれに与えられる使命に応えていくものとならせてください。
主イエス・キリストの御名によって祈ります。アーメン。

# 第6編　弱さの極みの中で

第6編は、「個人の嘆きの詩」です。主人公は作者である詩人。彼は病気です。並みの病気ではありません。とても悪いのです。肉体は衰え果てました。心は不安におののき、涙はとめどなく流れていく。とうとう泣き過ぎて、目が開けられなくなってしまいました。そして彼は、死を予感しています。このままであればますます弱って死が、自分を飲み込んでしまう。

ひとつ、押さえておきましょう。普通の病であれば問題はないのです。頭が痛い、お腹が痛い、風邪をひいた。「二、三日寝ていたら治りました」、何でもありません。ところが、険しい病があります。本人は七転八倒の苦しみ。何をしても治りません。傍の者もどうしてやることもできない。そうすると、病気であることに宗教的な意味がつくのです。参照しましょう。サムエル記上16章14節以下。当時の険しい病に対する理解を知ることができます。

**主の霊はサウルから離れ、主から来る悪霊が彼をさいなむようになった。サウルの家臣はサウルに勧めた。「あなたをさいなむのは神からの悪霊でしょう。王様、御前に仕えるこの僕どもにお命じになり、竪琴を上手に奏でる者を探させてください。神からの悪霊が王様を襲うとき、おそばで彼の奏でる竪琴が王様の御気分を良くするでしょう。」（サムエル記上16・14―16）**

主人公はイスラエル初代の王サウルです。国は誕生したばかり。この時代はまだ、国が動いていくシステムができていないのです。官僚体制も国軍もない。この中でサウル王は、イスラエルの諸部族をまとめ、対立する近隣の諸民族と戦いを続けていかなければなりませんでした。彼は国をまとめ切れません。ついに、病気になってしまったのです。今日で言えば心の病でしょう。時々発作のようにパニックを起こすのです。ものに取りつかれた有様になって苦しむ。周りにいる人々にも危害を加えます。手が付けられないのです。そしてこのような状態を「主から来る悪霊が彼をさいなむようになった」と理解します。つまり、当時の知識では理解できない症状が人を襲うと、悪霊の仕業にしたのです。悪霊は神の許可がないと働くことはできません。「サウル王は、神さまから嫌われた。見捨てられてしまった。そこで神が悪霊を遣わして彼を苦しめているのだ」、このように考えたのです。

サウルが苦しんだ病よりも、さらに深刻な病があります。代表的なのは、「汚れたもの」と見なされた重い皮膚病です。当時はこのような病を、「神の裁き」と考えました。この考え方は新約時代にも続いていきます。参照しましょう。ヨハネによる福音書9章1節以下。

**さて、イエスは通りすがりに、生まれつき目の見えない人を見かけられた。弟子たちがイエスに尋ねた。「ラビ、この人が生まれつき目が見えないのは、だれが罪を犯したからですか。本人ですか。それとも、両親ですか。」**（ヨハネ9・1―2）

生まれながらに目の見えない人がいました。弟子たちはこの人を見て、疑いもなく、「罪の報いで目が見えないのだ」と考えました。主イエスが言います。

**「本人が罪を犯したからでも、両親が罪を犯したからでもない。神の業がこの人に現れるためである。」**（9・3）

主イエスが、弟子たちの考え方や世の中の考え方を覆します。「病や障がいは罪の報いではない」、これはイエスが初めて示したことです。

サウル王であれば、大声を出したり、のたうち回って苦しんだりしています。重い病であれば、だんだんと体が蝕まれていきます。治しようがありません。聖書が書かれた昔は、「こうなったのは神の裁きだ。罪に対する報いが臨んだのだ」、こう考えたのです。

詩人は、険しい病の中にいます。家族がいたでしょう。友達もいたはずです。けれども、慰めようがありません。助けようがない。苦しいのは本人です。病の苦しみと深い孤独を抱えています。神さまが遠くに退いてしまうように思えるのです。この中で詩人は、寄りすがるように、神さまに助けを祈るのです。

**主よ、怒ってわたしを責めないでください**
**憤って懲らしめないでください。**
**主よ、憐れんでください　わたしは嘆き悲しんでいます。**
**主よ、癒してください、わたしの骨は恐れ**
**わたしの魂は恐れおののいています。**
**主よ、いつまでなのでしょう。**（２―４）

「怒ってわたしを責めないでください」「憤って懲らしめないでください」。病床の中で、人生のこれまでを振り返ったことでしょう。特別悪いことをしたわけではありません。けれども、心に刺さる出来事はいくつもあります。辛いときに、辛いことを思い出すのです。

昔の話です。一人の女性が子宮筋腫を患いました。結果的には、手術をして、子宮を摘出することになったのです。五十歳になるか、ならないかの年でした。手術に先立ってお見舞いに行きました。長居治療の予定を話してくれました。元気になってまた教会へ行けることを楽しみにしていました。長居をしてもと思い「では、祈りましょう」と言いました。すると、フト黙るのです。肩を落として、暗い表情になってしまいました。どうしたのかな、と思うと、彼女は問わず語りに話し始めました。自分は若いときに子どもを中絶したことがある。既に三人の子がおり、夫の給料はとても安かった。自分もパートで働いていた。とても四人目を産める状況ではなかった……。二十年余り前のことです。しかし、いまだ癒えない心の傷です。子宮の病と宿った命を中絶したことが重なったのでしょう。深い悲しみの中で話してくれました。

詩人は、特別悪いことをしたわけではないと思います。まして神さまが、懲らしめを与えるために病を送ったわけではありません。しかし生きているとき、人は負い目を負うのです。「しなければいけないことをしなかった」「してはならないことをしてしまった」。平生は何でもありません。普通に暮らしています。けれども病を得たとき、自分が弱くなったとき、今までの生き方が問われるのです。「俺はこれで良かったのか」。「神さま、勘弁してください。どうぞ、この私を懲らしめないで、憐れんでください」。装うことはできません。心の奥から、生の祈りが飛び出してくるのです。

**わたしの魂は恐れおののいています。**

**主よ、いつまでなのでしょう。**

苦難の日です。苦しい現実があっても、先々の目途が立っていれば耐えることはできます。「いつまでの辛抱だ」、この「いつ」がわかっていれば耐えられます。しかし先が見えない。苦しみが明日終わるのか、三年先なのか、あるいは十年続くのか、わからない。不安が増します。途方もない辛さになるのです。

**主よ、立ち帰り　わたしの魂を助け出してください。**
**あなたの慈しみにふさわしく　わたしを救ってください。**
**死の国へ行けば、だれもあなたの名を唱えず**
**陰府《よみ》に入れば　だれもあなたに感謝をささげません。**（５―６）

詩人は近づいて来る死を予感しています。居直って言えば、誰でもいつか死ぬのです。しかし、すべての死が同じではありません。どのような心で死を迎えるかが大事です。詩人は神さまに次のように祈っています。

**主よ、立ち帰り　わたしの魂を助け出してください。**

彼にとって神さまは、離れた所にいるのです。自分のところから立ち去って、遠くへ行ってしまわれた。見放された思いなのです。

詩人は今、病気で苦しんでいます。病気だけではありません。対人関係のときもそうです。トラブルが起きる。責められます。相手のことが怖くなるのです。こちらも言いたいことがあります。きちんと説明しなければいけないことがある。ところが心が傷つけられて、まともにものを言うことができません。気持ちが萎縮してしまうのです。そして傷ついた心には憎しみが広がります。恐れと憎しみが募って、相手は敵に変わります。敵は倒すか逃げるか、どちらかです。

そして私たちは祈る。「神さま、助けてください」「和解を与えてください。苦しみから助け出してください。広く明るい所へ、導いてください」。ところが状況は変わらない。むしろ悪くなる。まるで、出口のない部屋に閉じ込められたようです。いくら祈っても、壁を叩いてみても、大声を出しても、何の返事もない。神さまはここにはいない、遠くへ行ってしまったと思えるのです。

**あなたの慈しみにふさわしく　わたしを救ってください。**

「慈しみ」と訳されているのは、「愛」とも訳すことができる言葉です。神さまの愛は、誠実さを含む愛です。人をご自身と結び合わせ、誠実にそれを保っていく愛です。そうであれば、「捨てないでください」と言うのです。「この私を見捨てないで、慈しみをもって側にいてほしい」、これがあれば、死の恐れに対してさえ、立ち向かうことができるのです。

**わたしは嘆き疲れました。**
**夜ごと涙は床に溢れ、寝床は漂うほどです。**
**苦悩にわたしの目は衰えて行き**
**わたしを苦しめる者のゆえに　老いてしまいました。**（7—8）

一生懸命祈るのですが、届きません。嘆き疲れてしまった。毎日泣いてばかりいるので、目が腫《は》れます。視力が衰えて、辺りはボンヤリした景色に見える。心の内に神さまを見いだせません。これがために、自分でも驚くほどに老けてしまった。ところがです。

**悪を行う者よ、皆わたしを離れよ。**
**主はわたしの泣く声を聞き**
**主はわたしの嘆きを聞き**
**主はわたしの祈りを受け入れてくださる。**
**敵は皆、恥に落とされて恐れおののき**
**たちまち退いて、恥に落とされる。**（9―11）

嘆いていたのです。神さまが自分を捨てて、遠くへ行ってしまわれたと思った。ところが、詩人の心は逆転します。神さまに対する確信が盛り上がるのです。

注意しましょう。「具合が良くなった」「病が癒された」というのではありません。状態は変わっていないのです。彼の心が変わったのです。神が退いたと思って、嘆き苦しんでいました。この後で、嘆きと不安が、確信に変わったのです。

**悪を行う者よ、皆わたしを離れよ。**
**主はわたしの泣く声を聞き**
**主はわたしの嘆きを聞き**
**主はわたしの祈りを受け入れてくださる。**

大事なところです。嘆いていた人が、信仰の確信に立って、厳しい現実に立ち向かっているのです。何が起きたのでしょう。やけになってものを言っているのでしょうか。そうではありません。信仰生活をしていると、こういうことが起こります。名付けられない不思議が起こるのです。

試練に遭えば苦しみます。神さまを見失うこともあります。しかし、それで終わりません。嘆き切って、「あぁ、俺はもうダメだ」と思うそのとき、不思議にも神さまに引き起こされるのです。「何もないわたし」「空しいわたし」「苦しみに囲まれ続けているわたし」そして、「ダメなわたし」。「このわたしを、神さまは愛している。決して見捨てない」。無条件の神の愛が襲って、うずくまる私を引き起こすのです。

信仰は、文字どおりの命がけです。「神さまを信じて、ダメになるならダメになるで結構」。神さまを信じた末に、路傍で死ぬことになるかもしれません。そこまでの覚悟が必要です。そして神さまは、あなたをダメにすることはありません。私たちに偽りがあっても、神さまは真実な方です。

生きてみるのです。自分の人生をかけて、信じて生きてみる。苦難はあります。しかしその中で、苦難を押し返す神さまの愛を知ることになります。使徒ヨハネは言いました。

**神は、その独り子をお与えになったほどに、世を愛された。独り子を信じる者が一人も滅びないで、永遠の命を得るためである。**（ヨハネ３・16）

苦難を通して、独り子を与えてくださった神さまを知るのです。苦難の真っただ中で私たちはキリストを抱く。いいえ。キリストに抱かれていることに気が付くのです。

祈り

父なる神さま。試練があります。苦悩と、忍耐ばかりの日々があります。神さま、あなたを見失うことがあるのです。しかし、私たちの心があなたを見失おうと、あなたが私たちを捨てることはありません。十字架のキリストを仰いで、信仰を貫く私たちとさせてください。試練の中にあっても、あなたの愛を知り、主キリストと共に、自らの現実に立ち向かう私たちとならせてください。主イエス・キリストの御名によって祈ります。アーメン。

# 第8編　栄光は貧しさの中に

第8編は、天地を創造した神への賛歌です。神さまが森羅万象を造りました。創造の御業に触れて、神さまを賛美しているのです。

**主よ、わたしたちの主よ**
**あなたの御名は、いかに力強く**
**全地に満ちていることでしょう。**（2）

この世は神さまが造った世界。大きな慈しみの中で天地は保たれている。私たちも生かされている。

**天に輝くあなたの威光をたたえます**
**幼子、乳飲み子の口によって。**
**あなたは刃向かう者に向かって砦《とりで》を築き**

**報復する敵を絶ち滅ぼされます。**（２―３）

詩人は今、夜空を見上げています。あたりに人はいません。深い闇の中。独り外に出て空を仰いだ。そこには、満天の星空が広がっていました。

人は、どのようなときに夜空を仰ぐのでしょう。「元気いっぱい。充実した毎日。仕事が忙しくて仕方がない」、このようなとき、夜空を仰ぐのでしょうか。日常生活は前を向いて生きるものです。明日のことを考えて、今日すべきことをする。今日の務めを果たすから、生活は明日へとつながっていくのでしょう。そしてあるとき、天を仰ぎます。前を向いて歩む日常生活を中断し、独りきりになって、広い夜空を仰ぐ。行き詰まったときです。「精一杯頑張っているけれど、ひとつも結果がついてこない」。生きることに、やりきれない空しさを感じます。このようなとき人は、祈る心で夜空を仰ぐのです。

一人の牧師を思い出します。私とは、親子以上に年の離れた方でした。この牧師は、十代の終わりのころ、陸軍士官学校で学んでいたと言います。戦争が終わりました。彼は戦地にはいかなかったそうです。あてもなく故郷へ帰りました。郷里は長野県です。何年ぶりかで故郷に帰って、眼前に八ヶ岳連峰を仰いだ。そのとき彼は、とめどもなく涙が流れた。くずおれて、たった独りで号泣したのです。彼はバリバリの軍国青年でした。純粋な心だったのでしょう。国を守る。愛する者たちを守る。

アメリカを倒す。心は軍国主義に貫かれていました。元より頭のいい人です。その人が猛勉強をして士官学校へ入学した。日本の国が一番正しいと思っていた。そして戦争に敗れて、終戦を迎えた。今まで信じていたものが全てひっくり返ってしまったのです。それだけではありません。尊敬する先輩や同輩、大切な人たちが、たくさん死んでしまったと言います。自分が立っていた精神の土台も、努力して築き上げてきた立場も、全部なくなりました。故郷の山の前で、身ぐるみ剝がれた自分が、独り生き残った。

どのくらいの時間がたったのかはわかりません。彼はもう一度、物言わぬ山を仰いだと言います。「国破れて山河在り」そうだと思った。そして突然、言葉が腹の底から突き上げてきたというのです。「山河を造った神がいるではないか！」

この方は、この瞬間に牧師になる決心をしたそうです。士官学校の同期の人たちは、国立大学に入り直して、大勢の人がエリート・コースに乗ったと言います。しかし「自分には、何の迷いもなかった」と言いました。

人生のどこかで、歩んできた日々を清算しなければならないときが来るものです。志を立て、努力をし、沢山のものを獲得します。けれども、それらのものが色を失って、ただの私になる。このようなとき人は、天を仰ぐのでしょう。何もない惨めさの中で、何千年も何万年も変わることなく輝いている夜の星を仰ぐ。そして星々の彼方に私たちは、天地を造った神を仰ぐのです。

今、詩人は天を仰いでいます。きらめく星を見ているのです。私にはこの詩人が、とても賢い人のように思えます。高い能力を持ち、自信にあふれた人物です。当たり前のようにリーダーであったでしょう。ところが、どこかで行き詰まりました。これまでの自信が木っ端微塵に打ち砕かれる、手ひどい挫折を経験したのです。

**天に輝くあなたの威光をたたえます**

**幼子、乳飲み子の口によって。**（２―３）

天を仰いで感動しているのは彼です。そして神さまの威光を讃えるのは、「幼子や乳飲み子だ」と言う。幼子は無力です。そして天地を創造した神を本当のところで讃えることができるのは「幼子」や「小さな者たちだ」と言うのです。充実しているときがあります。新しい課題にチャレンジして、難しい問題をクリアーしていきます。自分の努力と才能に酔うでしょう。このとき人は、夜空を仰ぐことはありません。むしろ、翼を奪われた鳥のように、無残に挫折したときです。このとき人は、神を仰ぐ。何の誇りもないただの私になったとき人は、神を仰いで賛美することができると言うのです。

**あなたは刃向かう者に向かって砦を築き**

報復する敵を絶ち滅ぼされます。

何者かから攻撃されていたのです。最大の攻撃は、その人そのものを否定することです。挫折を経験し、人々から攻撃される苦しみを味わいました。この中で詩人は、天を仰いだのです。自然は大きかった。大自然の前に自分は、あまりにもちっぽけだった。そしてこの小さな私を、神さまが生かしている。この不思議に触れたのです。

あなたの天を、あなたの指の業を　わたしは仰ぎます。
月も、星も、あなたが配置なさったもの。
そのあなたが御心に留めてくださるとは　人間は何ものなのでしょう。
人の子は何ものなのでしょう　あなたが顧みてくださるとは。
神に僅かに劣るものとして人を造り
なお、栄光と威光を冠としていただかせ
御手によって造られたものをすべて治めるように　その足もとに置かれました。
羊も牛も、野の獣も
空の鳥、海の魚、海路を渡るものも。（4—9）

人間は小さいのです。自分自身はちっぽけなものです。しかしこの小さな私が、神さまによって生かされています。

**月も、星も、あなたが配置なさったもの。**

詩人は天体に数学の図形のような正確さを認めています。絶妙な配置なのです。人生には色々なことが起こります。嬉しいことが起こる。悲しいことが起こる。成功すれば、失敗もします。理不尽と思えることもあるのです。しかしその一つ一つが、実は理に適っている。「この世に不必要なものはひとつもない。私にとって、成功と同時に、挫折も必要だったのだ」。天体を通して詩人は、神が人生に与える、深い摂理を見ているのです。

**神に僅かに劣るものとして人を造り**
**なお、栄光と威光を冠としていただかせ**
**御手によって造られたものをすべて治めるように　その足もとに置かれました。**

かつての詩人は自信にあふれていました。自分自身を少しも疑うことなく、生きることができていたのです。ところがどん底まで落ちた。人から攻撃され、見下される立場になった。神さまの前に、自分がいかに小さい者であるかを思い知らされました。うぬぼれていた自分が恥ずかしいのです。しかし神さまは、「このような私」を粗略にしない。重んじてくださるのです。

**栄光と威光を冠としていただかせ**

**御手によって造られたものをすべて治めるように　その足もとに置かれました。**

小さな我が子を重んじる親のように、神さまは私を重んじてくださる。この世に、神に愛された尊い者として、生きる場所を与えてくださっている。

詩人は優れた人物です。その人が挫折をして、人々から攻撃を受けた。どん底に落ちたのです。そしてこのとき、天を仰ぎました。大自然の大きさを知り、天地を創造した神の偉大さを知った。自分が小さくなりました。自信満々の傲慢《ごうまん》さに恥じ入った。そして不思議です。神さまは、このような私をなお尊い者として、愛しておられるのです。だから賛美をささげる。ささげずにはいられないのです。

唐突になりますが、私は8編を聴いていて、クリスマスの出来事が思い出されるのです。詩人の心とクリスマスの出来事が重なっていきます。ルカによる福音書を開きましょう。

**その地方で羊飼いたちが野宿をしながら、夜通し羊の群れの番をしていた。すると、主の天使が近づき、主の栄光が周りを照らしたので、彼らは非常に恐れた。天使は言った。「恐れるな。わたしは、民全体に与えられる大きな喜びを告げる。今日ダビデの町で、あなたがたのために救い主がお生まれになった。この方こそ主メシアである。」**（ルカ2・8―11）

最初に福音が伝えられたのは、野にいる羊飼いたち。世の中から忘れられた、名もない小さな者たちです。次いで、マタイによる福音書を開きましょう。２章10節以下です。

**学者たちはその星を見て喜びにあふれた。家に入ってみると、幼子は母マリアと共におられた。彼らはひれ伏して幼子を拝み、宝の箱を開けて、黄金、乳香、没薬を贈り物として献げた。**

（マタイ２・10―11）

この世で最初にキリストを礼拝したのは東の国の学者たち。賢者が幼子の前に身を低くして礼拝をささげています。

私たちは大きいのです。いいえ。自分自身を少しでも大きくしたいのです。大きく見せたいのです。そして人は、神を失います。自分を求め、自分を愛し、自分自身を少しでも大きくしようとするこの中で、神さまを失っていくのです。

野にいる羊飼いは、小さな者たちです。大きくなりようがありません。東の国の学者たちは偉さを捨てました。幼子の前にひれ伏して、小さくなって礼拝をささげたのです。覆いようのない貧しさの中で、人はキリストと出会うのです。

聖書は告げます。あなたが小さくなったときに、神の大きさがわかる。どん底に立つ貧しさの中で、あなたはキリストに出会う。そしてキリストと出会ったとき、私たちは詩人と共に神さまを賛美することができるのです。

**主よ、わたしたちの主よ**
**あなたの御名は、いかに力強く**
**全地に満ちていることでしょう。**（1、10）

祈り

父なる神さま。あなたを信じつつも、御姿を見失う私たちです。気付いてみれば、この世のただ中で、どうしたら成功するかばかりを考えています。このような日々の中で、大切な魂の中心点を失います。しかしあなたの愛は偉大です。このような私たちを捨てません。見えざる恵みの中で、生かし続けてくださっています。そうであれば主よ、あなたを仰ぐことができますように。クリスマスのあの日のように、小さくなって、来てくださる主キリストを迎えることができますように。キリストは、今日も明日も、私たちを囲んでいます。この事実をはっきりと、知ることができますように。そして今にもまして力強く、主よ、あなたを賛美することができますように。

主イエス・キリストの御名によって祈ります。アーメン。

# 第14編　正しい人はひとりもいない

詩人は、深い嘆きをもってうたいます。

**神を知らぬ者は心に言う**
**「神などない」と。**
**人々は腐敗している。**
**忌むべき行いをする。**
**善を行う者はいない。**（1）

注意しましょう。詩人が嘆いているのは、イスラエルの民に対してです。イスラエルは神の民。神さまを信じることによってひとつとなった民です。男子であれば、生後八日目に割礼を受け、祝福を受け継ぐ者になります。このようなイスラエルの民が、「神などない」と心の中でつぶやくのです。

彼らは「忌むべき行いをする」と言います。内容は、偶像礼拝と性の逸脱です。加えて、暴力、詐欺、搾取、流血、これらの反社会的な行為を指します。人々は神さまを見失っていました。心は腐敗し、生活は混乱する。当然、「善を行う者」はいません。神さまの前に正しい人は、ひとりもいなかったのです。

詩人はイスラエルの有様を見て嘆きます。心にも、暮らしにも、信仰は生きていません。民の間に神を畏れ敬う心を、見出すことができなかったのです。

恐らく詩人は、霊的な指導者です。預言者であったかもしれません。荒れた民の有様を見て深く嘆いた。そして視点が変わります。次に彼は、神の言葉を語り始めます。

**主は天から人の子らを見渡し、探される**
**目覚めた人、神を求める人はいないか、と。**
**だれもかれも背き去った。**
**皆ともに、汚れている。**
**善を行う者はいない。ひとりもいない。**（２―３）

神さまも探したのです。神を信頼し、追い求め、善を行って喜びとする者はいないか、探してみた。しかしいなかったのです。ひとりもいなかったのです。「人々は腐敗している。忌むべき行いをする。

善を行う者はひとりもいない」、最悪です。イスラエルの民に何があったのでしょう。

実は聖書をたどっていくと、これは珍しいことではありません。むしろあらゆる時代を通して人々は、神さまを認めないのです。最も古い証言は創世記。6章5節以下を読みましょう。

**主は、地上に人の悪が増し、常に悪いことばかりを心に思い計っているのを御覧になって、地上に人を造ったことを後悔し、心を痛められた。主は言われた。**

**「わたしは人を創造したが、これを地上からぬぐい去ろう。人だけでなく、家畜も這うものも空の鳥も。わたしはこれらを造ったことを後悔する。」**（創世記6・5―7）

ノアの洪水です。神さまは地上を御覧になりました。そこには悪が増し、人は心に悪いことばかりを思い計っていた。そこで神さまは、全地をぬぐう大洪水を決心するのです。アダムから始まってノアは十代目です。天地創造から十代目を数えたとき、全地は手の付けられない有様に変わっていた。

続いて創世記、18章20節以下です。

**主は言われた。**

**「ソドムとゴモラの罪は非常に重い、と訴える叫びが実に大きい。わたしは降って行き、彼らの行跡が、果たして、わたしに届いた叫びのとおりかどうか見て確かめよう。」**

**その人たちは、更にソドムの方へ向かったが、アブラハムはなお、主の御前にいた。アブラハムは進み出て言った。**

**「まことにあなたは、正しい者を悪い者と一緒に滅ぼされるのですか。あの町に正しい者が五十人いるとしても、それでも滅ぼし、その五十人の正しい者のために、町をお赦しにはならないのですか。正しい者を悪い者と一緒に殺し、正しい者を悪い者と同じ目に遭わせるようなことを、あなたがなさるはずはございません。全くありえないことです。全世界を裁くお方は、正義を行われるべきではありませんか。」**

**主は言われた。**

**「もしソドムの町に正しい者が五十人いるならば、その者たちのために、町全部を赦そう。」**

（創世記18・20―26）

ソドムとゴモラの裁き。アブラハムは、御使いに姿を変えた神さまの前に立ちはだかります。そして、ソドムの町にいるかもしれない正しい人のために、必死の執り成しをするのです。アブラハムは五十人から始めて、十人にまで数を下げていきます。

**「主よ、どうかお怒りにならずに、もう一度だけ言わせてください。もしかすると、十人しかいないかもしれません。」**

**主は言われた。**

**「その十人のためにわたしは滅ぼさない。」**（18・32）

神さまはアブラハムの執り成しを受け入れます。「その町にいる正しい者のために裁くことはしない」。ところが、いなかったのです。ひとりもいなかった。ソドムとゴモラの町は、草木もろとも滅ぼされてしまいます。

最後にエレミヤ書を開きましょう。5章1節の言葉です。

**エルサレムの通りを巡り**
**よく見て、悟るがよい。**
**広場で尋ねてみよ、ひとりでもいるか**
**正義を行い、真実を求める者が。**
**いれば、わたしはエルサレムを赦そう。**

エレミヤに臨んだ神の言葉。人々の心は硬く、背信を続けます。都の通りを行き巡り、広場で尋ねたらよい。正義を行い、真実を求める者がひとりでもいるかどうか。そして、やはりいなかったのです。

だれもかれも背き去った。

皆ともに、汚れている。

善を行う者はいない。ひとりもいない。


詩人は、ある時代を生きた人です。しかし14編で語られている内容は、特定の場所や時代に限られたことではありません。人は背くのです。神を求める者はいない。善を行う者はない。ひとりもいない。そしてこの嘆きは、パウロの言葉へと凝縮して行きます。ローマの信徒への手紙3章9節以下です。


では、どうなのか。わたしたちには優れた点があるのでしょうか。全くありません。既に指摘したように、ユダヤ人もギリシア人も皆、罪の下にあるのです。

次のように書いてあるとおりです。

「正しい者はいない。一人もいない。

悟る者もなく、
神を探し求める者もいない。

皆迷い、だれもかれも役に立たない者となった。

善を行う者はいない。

**ただの一人もいない。」（ローマ3・9―12）**

神の民、イスラエルだけではありません。ギリシア人も、ローマ人も、あらゆる人々が神に背く。神を求める者はなく、善を行う者もいない。人は皆、道に迷っている。

「善を行う者はいない」とか、「皆、道に迷っている」とか、これだけを聞けば独善的に響くでしょう。一般的なことを語っているのではありません。聖書は、神との関わりの中で人間を考えるのです。もっと突っ込んで言えば、神さまの眼差しの中で人を捉えているのです。このとき人は、神に背いている。御心に適う歩みをしている人は、ただのひとりもいない。

彼らはどこにいたのでしょう。詩編詩人、パウロ、エレミヤ、あるいはアブラハム。彼らは、どこにいたのでしょう。詩人は霊的な指導者です。パウロは使徒、エレミヤは預言者、アブラハムは信仰の父です。神さまに仕えて天国の柱に数えられる人たちです。ところが彼らは、初めからそうであったわけではありません。アブラハムは一介のアラム人。エレミヤは祭司の家に生まれた若者。パウロは、主の教会を迫害する者でした。そしてこのような人々が、神さまに捉えられ、変えられるのです。信じない者ではなく、信じる者に変えられる。神に従い、善を行って喜びとする者に変えられていくのです。そして、私たちも同じなのです。

私たちはパウロやエレミヤのような者ではありません。神さまの前に平凡な一人一人でしょう。しかし、召されたことは同じです。神さまが愛の心を注いでいることは同じなのです。そして、パウロやエレミヤのように、私たちにも使命があります。「何のために召されたのか、これからどうすれば良いのか」ということです。聖書にはっきりと書いてあります。ペトロの手紙一、2章9節の言葉です。

**しかし、あなたがたは、選ばれた民、王の系統を引く祭司、聖なる国民、神のものとなった民です。それは、あなたがたを暗闇の中から驚くべき光の中へと招き入れてくださった方の力ある業を、あなたがたが広く伝えるためなのです。**

私たちも神に背き、道に迷っていました。はじめは暗闇の中にいたのです。しかし、主キリストに捉えられて、神の愛という光の中に入れていただきました。私たちは神の愛を居場所にしています。この私たちには、主の救いを伝える使命が与えられているというのです。

詩人は苦しんでいます。パウロもエレミヤも苦しんでいる。彼らは神さまの愛を知っています。神の愛の中で生きているのです。そしてこれを伝えようとするとき、神なしで生きている人との距離が、あまりにも遠いのです。いくら言葉を尽くしても弾き返されてしまいます。言葉の通じない現実を知るのです。

神さまの愛を知る。幸いです。そして神さまの愛を知った者は、これを伝えるように押し出されます。ここで辛さが生まれるのです。別の言葉で言えば、福音を生きようとするとき、辛さや厳しさが襲うのです。詩人もエレミヤもパウロも、神の心を生きるために苦しんだのです。

**悪を行う者は知っているはずではないか。**
**パンを食らうかのようにわたしの民を食らい**
**主を呼び求めることをしない者よ。**
**そのゆえにこそ、大いに恐れるがよい。**
**神は従う人々の群れにいます。**
**貧しい人の計らいをお前たちが挫折させても**
**主は必ず、避けどころとなってくださる。**（4―6）

注目したいのは「神は従う人々の群れにいます」、この言葉です。何も知らなかった私です。一生懸命生きていました。しかし、人生を大事に思うことはなかった。「偶然のように生まれて、泣いたり騒いだり苦労をして、ある日終わる。まるで海の中に浮かんでは消えるあぶくのようだ」と思っていました。神さま仏さまには手を合わせます。しかし、神の愛には背いていたのです。そしてキリストを知りました。神さまの愛が、私を生かすものになったのです。このとき人は、世にあっては孤独になります。神さまの愛を簡単に分かち合うことはできないからです。そしてこの中で詩人は証しをするのです。

**神は従う人々の群れにいます。**
**貧しい人の計らいをお前たちが挫折させても**
**主は必ず、避けどころとなってくださる。**

ひとりで信じるのではありません。たったひとりで、福音を生きるのではない。神に召され、神さまの愛を喜びとする人々がいるのです。その人々の中に神はおられる。従う者たちを守ってくださると言うのです。

聖書を開いているあなた。開くだけで終わりにしないでください。心の満足で終わらせないでください。主のメッセージを聴いたなら、祈ってください。信仰の心を分かち合えない人が大勢います。孤独の中で闘っている人がいます。しかし私たちは聖霊によって繋がっているのです。祈りましょう。キリストを信じる者として、共に生きることができるように。神さまの愛を、隣人に伝えることができるように。一人でも多くの人と福音を分かち合うことができるように。共に祈り合いましょう。

祈り

父なる神さま。あなたに召され、主キリストを与えていただきました。私たちはキリストを救い主と頼み、このお方を生涯の主としています。主キリストに結ばれ、あなたの愛の中にいることが、私たちの救いです。そしてなお、世にある私たちです。神を知らず、救いを求めることもなく、自分ばかりを追い求めている現実があります。この中で信仰を守り、世に救いを指し示していくことは、とても厳しいことです。私たちに力を与えてください。信じる者たちとの、霊の交わりを保つことができますように。そして私たちの生きざまを通しても主の救いが、多くの隣人へともたらされていくことができますように。

主イエス・キリストの御名によって祈ります。アーメン。

# 第19編　わたしの贖い主よ

扇の要と申します。全体を一つにしている中心点のことです。第19編にも要があります。最後の言葉です。

**主よ、わたしの岩、わたしの贖い主よ。**（15）

「主よ、わたしの岩、わたしの贖い主よ」、この言葉が19編全体の中心点。要です。詩人は神さまを「わたしの岩」と語ります。「岩」は救いのシンボルです。重くて動きません。身を寄せれば敵の矢を弾き返す盾となる。不動の救いを示すのが「岩」です。さらに詩人は「わたしの贖い主よ」と呼びかけます。「贖う」とは、失ったものを買い戻すことです。聖書を参照しましょう。レビ記25章47節以下です。

**もしあなたのもとに住む、寄留者、滞在者が豊かになり、あなたの同胞が貧しくなって、あなた**

**のもとに住む寄留者ないしはその家族の者に身売りしたときは、身売りをした後でも、その人は買い戻しの権利を保有する。**（レビ記25・47―48）

ある人が貧しくなって身売りをします。金銭が支払われた瞬間からその人は、主人のものです。ところが身を売った当人は、親族の誰かが買い戻すと言った場合は、「いつでも買い戻されることができる」と言うのです。これが「贖う」ことです。「贖う」とはひと言で言えば、「取り戻す」ことです。失われた大切なものをもう一度、自分の許に取り戻すのです。

詩人は神さまを「わたしの岩」と呼びます。「わたしの贖い主よ」と呼びかける。彼は、失われていた人です。神さまの前に失われていた。そして神さまが彼と出会ってくださった。失われていた彼を贖って、御許《みもと》に取り戻してくださったのです。

詩人に何があったのでしょう。具体的なことはわかりません。けれども13節以下を読むと、彼は罪に対して非常に敏感であることがわかります。

**知らずに犯した過ち、隠れた罪から　どうかわたしを清めてください。**
**あなたの僕を驕《おご》りから引き離し　支配されないようにしてください。**
**そうすれば、重い背きの罪から清められ**

わたしは完全になるでしょう。(13―14)

「隠れた罪」「驕り」「重い背き」。詩人は罪の有様を知っています。それも、自らを高くして神さまに背を向ける罪を良く知っている。彼自身が、驕り高ぶっていたのです。おそらく若い日でしょう。自信満々で、自分が世の中の中心であると思っていた。何でもできると思っていたでしょう。神を忘れ、人々を侮った。そして、いつか行き詰まった。高ぶって過ごした日々の代価を払うときが来たのです。

詩人の姿に重なる人物がいます。若い日の族長ヤコブです。参照しましょう。創世記28章10節以下です。

ヤコブはベエル・シェバを立ってハランへ向かった。とある場所に来たとき、日が沈んだので、そこで一夜を過ごすことにした。ヤコブはその場所にあった石を一つ取って枕にして、その場所に横たわった。すると、彼は夢を見た。先端が天まで達する階段が地に向かって伸びており、しかも、神の御使いたちがそれを上ったり下ったりしていた。見よ、主が傍らに立って言われた。「わたしは、あなたの父祖アブラハムの神、イサクの神、主である。あなたが今横たわっているこの土地を、あなたとあなたの子孫に与える。あなたの子孫は大地の砂粒のように多くなり、西へ、東へ、北へ、南へと広がっていくであろう。地上の氏族はすべて、あなたとあなたの子孫

**によって祝福に入る。見よ、私はあなたと共にいる。あなたがどこへ行っても、わたしはあなたを守り、必ずこの土地に連れ帰る。わたしは、あなたに約束したことを果たすまで決して見捨てない。」（創世記28・10―15）**

兄エサウを欺《あざむ》き、盲目の父親を騙《だま》して祝福を奪い取りました。家にはいられません。伯父ラバンの家に逃れていく途中です。親兄弟を騙して生まれ育った家庭を壊しました。石を枕に野に宿ります。ヤコブは孤独です。この世を覆う天蓋の下にたった一人。自分の愚かさを見つめていたでしょう。手を伸ばしても届かない平凡な幸せを、遠くに見ていた。そしてこのヤコブに、神が訪れてくださったのです。神さまは裁くのではありません。叱るのでさえない。主は、ヤコブに祝福を与えるのです。「お前がどのようであっても、わたしはお前と共にいる。決して見捨てることはない。必ずこの土地に連れ帰り、恵みの約束を果たす」。ヤコブは眠りから覚めます。幻の中で神さまが現れてくださったことを知る。震えるような畏れを抱きます。石を立てて記念とし、心を込めて礼拝をささげました。

詩人は、どうであったのでしょう。若い日々。己の力に酔うように生きたのかもしれません。やがて行き詰まった。人を傷つけ、自分自身も傷ついたでしょう。自らの愚かさを思い知らされました。世の中の厳しさを味わったのです。こんなときは、誰も助けてくれません。自分を見てくれる人さえいなかったでしょう。そして彼は、神と出会った。神さまが彼に出会ってくださったのです。ヤコブと同じです。過ち多い自分を裁くことなく、責めることもなかった。反対に、無限の慈しみを注いでくださったのです。人は、神さまの愛に触れるとき変わります。近づいてくださった神さまに触れ、心の目が開かれます。背く者から、神さまに感謝する者に変わったのです。

つまずきの中から悔い改めて神を信じる。心には深い喜びが湧き上がります。彼は感謝を抱いて天を仰ぐのです。そしてそこにあるものは、ただの「空」ではありません。天空全体が、計り難い神さまの心を映し出していたのです。

**天は神の栄光を物語り**
**大空は御手の業を示す。**
**昼は昼に語り伝え**
**夜は夜に知識を送る。**
**話すことも、語ることもなく**
**声は聞こえなくても**
**その響きは全地に**
**その言葉は世界の果てに向かう。**（2—5）

詩人が立っているのは夜です。頭上には満天の星空が広がっている。サラサラと星は流れ、天蓋はゆっくりと移動していきます。そこには、人知では及ばない美しさがありました。星と星が衝突することはありません。正確な秩序があって、何一つ混乱することなく、宇宙全体が一つになって動いている。

**昼は昼に語り伝え**
**夜は夜に知識を送る。**

昼から夜へ、夜から昼へ。連綿と続く時間の流れがあります。それはまるで、過去から未来へ知識を送り渡して、天地が大きくなっていくように見える。単なる時間の繰り返しではなくて、宇宙全体が神さまに生かされて、成長しているように見えるのです。

次に詩人は太陽を登場させます。

**そこに、神は太陽の幕屋を設けられた。**
**太陽は、花婿が天蓋から出るように**
**勇士が喜び勇んで道を走るように**
**天の果てを出で立ち**
**天の果てを目指して行く。**

**その熱から隠れうるものはない。（5―7）**

太陽は神の愛をたとえるものです。歴史とこの宇宙全体に、大空を渡る太陽のように「神の愛」が貫かれていく。森羅万象の中で、その光と熱から漏れるものはない。

詩人は、信仰の喜びの中で天を仰ぎました。そこには神の栄光と不変の支配が表れていた。そして彼は、心の目を地上に向けます。計り難い神。しかしその神さまは、私たちに近づき、語り掛けてくださる方です。天地を創造した神が、私たちに近づいて心を示してくださる。この言葉が、「律法」なのです。

**主の律法は完全で、魂を生き返らせ**
**主の定めは真実で、無知な人に知恵を与える。**
**主の命令はまっすぐで、心に喜びを与え**
**主の戒めは清らかで、目に光を与える。**
**主への畏れは清く、いつまでも続き**
**主の裁きはまことで、ことごとく正しい。**
**金にまさり、多くの純金にまさって望ましく**

**蜜よりも、蜂の巣の滴《したた》りよりも甘い。**（8―11）

天地を造った神が私たちに近づき、語ってくださる。心を示してくださる。これが「律法」です。さて、注意が必要です。私たちが「律法」と聞くと、どうでしょう。窮屈な響きを覚えるのではないでしょうか。「掟」「戒め」「定め」あるいは「律法主義」。「律法によっては救われない」とのパウロのメッセージを思い出してしまいます。

詩人がここで語っているのは、規則としての律法ではありません。私たちを愛してやまない神の心を語っているのです。

十戒の第一の戒めを思い出しましょう。出エジプト記20章2節以下の言葉です。

**わたしは主、あなたの神、あなたをエジプトの国、奴隷の家から導き出した神である。あなたには、わたしをおいてほかに神があってはならない。**（出エジプト記20・2―3）

神のみ神であることが告げられます。これを、「他宗教を禁じている」と理解すると、律法は「掟」や「規則」になります。人の行動を規制するものに過ぎなくなります。しかし、本来の意味はそうではありません。神はイスラエルを奴隷の家から救い出したのです。イスラエルを愛してやまない熱情の神です。「この愛に背くな」と言っているのです。「イスラエルよ、お前はわたしのもの。わたしを捨てて他の神を取るな」、こう言っている。

詩人は、「律法の決まり」を語るのではありません。律法に込められた神の心を語っているのです。それは、「愛であり、知恵であり、人生の光。あらゆるものを生かし、人に生きる喜びを与える力だ」と語る。だから律法は尊く、人の心に甘いのです。

**金にまさり、多くの純金にまさって望ましく**
**蜜よりも、蜂の巣の滴りよりも甘い。**（11）

若い日です。詩人は、神さまに背いていました。好き放題に生きて、行き詰まって、道に倒れたのです。そしてこのような彼に、神さまが近づいてくださった。彼が求めたのではありません。神さまの方が、彼に近づいてくださったのです。そして人知を超える、無限の慈しみを注いでくださった。

私たちは今、どこにいるのでしょう。天を仰いで神の栄光を認めることができるでしょうか。聖書の言葉を聞いて、感動することができるのだろうか。できれば幸いです。けれども、そうはいかない場合もあります。天を仰いで白々した思いを抱く。聖書を読んでもわからない。福音のメッセージが、遠くで語られているように聞こえてしまう。覚えてください。あなたが神を捜すのではありません。神が、あなたを捜してくださったのです。主キリストが十字架についてあなたの罪を赦しました。この世の現実をすべて担ってくださった。そして復活を遂げた主が、あなたに働いたのです。信じる心を与え、神さまを「天の父よ」と呼ぶ者にしてくださいました。あなたも、神の許に取り戻されたのです。この世を求め、自分自身を求める空しさから、神の許へ取り戻された。この恵みを覚えてもう一度、キリストに心の向きを変えればいいのです。

**主よ、わたしの岩、わたしの贖い主よ。**

この祈りを繰り返して、もう一度主キリストに、心の向きを変えるのです。

祈り

父なる神さま。あなたが私たちを捜してくださいました。世の栄えを求め、自分の力に酔っていました。いつか挫折して、身動きができなくなりました。そしてあなたは私たちと出会い、キリストを与えてくださいました。感謝します。主キリストを尊くして、あなたの者として、世の旅を歩み通す私たちとならせてください。あなたの慈しみとご支配が、世を貫いていることを信じ、御言葉を聴き、ひと足ひと足、主の御跡を歩みいく、私たちとならせてください。

主イエス・キリストの御名によって祈ります。アーメン。

# 第22編　Ⅰ（1―22節）　主よ、離れないでください

第22編は、前半と後半、二つに分けることができます。前半は2節から22節まで。内容は、「嘆きの詩」です。大きな苦難の中で独り嘆く。救いを求めて祈るのが前半です。後半は23節から32節まで。内容は、「賛美の詩」です。苦難の中から救い出されました。人々の前で声を高く主に賛美をささげます。前半は嘆き、後半は賛美、このような構造になっています。今回は、前半を学びましょう。

わたしの神よ、わたしの神よ
なぜわたしをお見捨てになるのか。
なぜわたしを遠く離れ、救おうとせず
呻《うめ》きも言葉も聞いてくださらないのか。
わたしの神よ

**昼は、呼び求めても答えてくださらない。**
**夜も、黙ることをお許しにならない。**（2―3）

何があったのでしょう。
**わたしの神よ、わたしの神よ**
**なぜわたしをお見捨てになるのか。**
具体的なことはわかりません。けれども、とても大きな試練の中にいることは確かです。7節を見ると次のように語っています。
**わたしは虫けら、とても人とはいえない。**
**人間の屑、民の恥。**
これは、「身心が苦難の中で追い詰められた状態にいることを示す」と言います。さらに18節以下では次のように語ります。
**骨が数えられる程になったわたしのからだを　彼らはさらしものにして眺め**
**わたしの着物を分け**
**衣を取ろうとしてくじを引く。**（18―19）

極端に痩せてしまった。あばら骨が浮き出ているのです。「わたしの着物を分け　衣を取ろうとしてくじを引く」。死刑囚の所持品を分け合うのです。やせ細って、身動きならない私を、すでに死んだ者として扱う。

詩人には敵がいます。攻撃を仕掛けられ、精神的に追い詰められ圧迫されているのです。そして、それだけではありませんでした。彼は同時に、体を病んでいるのです。

**わたしは虫けら、とても人とはいえない。**
**人間の屑、民の恥。**
**わたしを見る人は皆、わたしを嘲笑い**
**唇を突き出し、頭を振る。**
**「主に頼んで救ってもらうがよい。**
**主が愛しておられるなら　助けてくださるだろう。」**（7―9）

「わたしは虫けら、とても人とはいえない」。体が悪くて様変わりをしています。自分自身で見るに忍びない。そして人々は「唇を突き出し、頭を振る」、小ばかにするわけです。「何で具合の悪い人に、このようにするのだろうか」と私たちなら思います。ところが、聖書の世界は違います。様変わりするような重い病は、「神の裁き」と見なされたのです。「悪いことをしたから神に裁かれているのだ」。

代表的なのはヨブです。開いてみましょう。旧約聖書ヨブ記2章7節以下。

**サタンは主の前から出て行った。サタンはヨブに手を下し、頭のてっぺんから足の裏までひどい皮膚病にかからせた。ヨブは灰の中に座り、素焼きのかけらで体中をかきむしった。**

（ヨブ記2・7―8）

全身がひどい皮膚病。頭のてっぺんから足の先までです。サタンが手を下したと言います。サタンは神の許しがなければ働くことはできません。つまり大病は、神が人に試練や裁きとして送るもの、と考えたのです。

詩編に戻りましょう。あばら骨が浮き出るほどの病。とても人とは思えない。多くの人は彼を見て笑います。「あの男は悪いことをして、裁きを受けている」と見なすのです。人間は残酷な心を持っています。苦しむ人を見て、嘲笑うのです。笑われる詩人は、どのような立場にいたのでしょう。無名の人とは思えません。名のある人物。おそらく、指導的な立場にいた人でしょう。かつては、多くの人々の前に立っていたのです。信仰の道を説き、教えを与え、様々な実際的指示を与えていた。快く思わない人もいたのです。けれども彼は、強かった。敵を論破します。明確な指示を与えて人々の間に筋を通していく。そしてこの彼が、弱くなったのです。窮地に立ちました。体は病でやつれ果てる。自信を失っている。人は笑います。強い者が弱くなったので笑うのです。これだけでは済みませんでした。

**雄牛が群がってわたしを囲み**
**バシャンの猛牛がわたしに迫る。**
**餌食を前にした獅子のようにうなり**
**牙《きば》をむいてわたしに襲いかかる者がいる。**（13―14）

「バシャン」というのはヨルダン川の東にある地域です。逞しい牛の産地として有名でした。勢いのある若い雄牛が群れを成して迫って来る。その有様は、腹を空かせたライオンが得物に襲いかかるようだ。襲いかかってくる相手は、新しい敵ではありません。かつて詩人が掌握していた人たち。指示を与えていた者たちです。不満を抱いていたのでしょう。けれども詩人が強かったときには、何も言いません。弱くなったときに牙をむいたのです。

**わたしは水となって注ぎ出され**
**骨はことごとくはずれ**
**心は胸の中で蠟のように溶ける。**
**口は渇いて素焼きのかけらとなり**
**舌は上顎《うわあご》にはり付く。**

**あなたはわたしを塵と死の中に打ち捨てられる。**（15―16）

怖いのです。対応できません。敵たちと向き合って戦うことができない。まるで固い氷が解けて水になるような有様です。骨はカタカタと震え外れていく。口は渇いて言葉を語ることさえできない。そしてこの中で、彼は祈ったのです。

**わたしの神よ、わたしの神よ**
**なぜわたしをお見捨てになるのか。**
**なぜわたしを遠く離れ、救おうとせず**
**呻きも言葉も聞いてくださらないのか。**
**わたしの神よ**
**昼は、呼び求めても答えてくださらない。**
**夜も、黙ることをお許しにならない。**（2―3）

強い人が、弱くなりました。心は折れ、体は病。ここをめがけて敵たちは猛烈な勢いで攻めて来る。そして祈った。祈り続けました。しかし、答えがない。いくら祈っても状況は変わらず、心に平安は与えられない。詩人が出会ったものは救いではない。神の沈黙です。重い、神の沈黙に出会ったのです。

私たちにも同様の経験があるでしょう。試練の中で祈って、お答えがない。状況は変わらなくても祈って心に平安が与えられるなら、それだけで慰められます。元気が出てくるのです。けれども、祈ってなお祈りが届かない。神さまが、遠くに退いてしまったように思う。

**わたしの神よ、わたしの神よ**
**なぜわたしをお見捨てになるのか。**
**なぜわたしを遠く離れ、救おうとせず**
**呻きも言葉も聞いてくださらないのか。**

神さまに捨てられ、この世に独り投げ出されたような有様です。とても辛い。ところが、では詩人は絶望するのかと言うと、そうではありませんでした。4節以下の言葉です。

**だがあなたは、聖所にいまし**
**イスラエルの賛美を受ける方。**
**わたしたちの先祖はあなたに依り頼み**
**依り頼んで、救われて来た。**
**助けを求めてあなたに叫び、救い出され**
**あなたに依り頼んで、裏切られたことはない。**（4—6）

祈りが聴かれないと見える現実の中で彼は、信仰を語るのです。

**助けを求めてあなたに叫び、救い出され**
**あなたに依り頼んで、裏切られたことはない。**

ピンチです。祈っても現実は変わらないのです。しかし彼は信頼している。どん底に座り込む現実の中で、彼は神さまを信頼しているのです。

詩人の信仰は強いものです。いいえ。彼が強いのではありません。彼の信仰を支えているものがあるのです。それは、先祖から受け継がれてきた霊的な遺産です。私は揺さぶられても、両親、祖父母、曾祖父母、何代にもわたって信じ続けてきた。神さまの恵みに養われ続けてきたのです。これがあるから、現実は辛くても、希望を失ってくずおれることはありません。何代にもわたって受け継がれている信仰が、彼を支えるのです。

私も神の沈黙に出会ったことがあります。母親が亡くなってから三年目に父親が亡くなりました。父は、心に弱いところのある人でした。自分の妻を失い、生活が荒れました。まともに働くことができなくなったのです。生活は困窮します。悲しんで、嘆いて、この世をさまよいました。この末に、頭の血管が切れて死んだのです。私は父の救いを求めていました。しかし得られませんでした。祈りの末に、家族はいなくなりました。
牧師は心配して声をかけてくれました。「あなた大丈夫？」。私は答えました。「十字架にしがみついています」。「十字架にしがみついています」。考えて言った言葉ではありません。それしかなかったのです。不動の十字架にしがみつくのではありません。揺れるのです。闇夜にしがみついている十字架は、大風の中で折れんばかりに揺れるのです。しかし、ここにつかまっている。私はつかまっていました。

信仰は、自分の力だけで信じるものではありません。詩人はイスラエルの伝統に支えられていました。出エジプトから今に至るまで、イスラエルの民を愛してやまない信仰の伝統に支えられたのです。そして私たちも支えられています。私たちは、キリストに支えられるのです。十字架上で主キリストは祈りました。「わが神、わが神、なぜわたしをお見捨てになったのですか」。2節の言葉です。キリストは、私たちの嘆きを負ってくださいました。祈って聴かれない現実があります。悲しみ。絶望。不安。恐れ。嘆き。そして私たちの罪と不信仰。主キリストは、これらを身に負って十字架についたのです。私たちを生かすためです。私たちは、このキリストにつかまって、信じるのです。祈り続けるのです。

人の「信仰熱心」などは、あてになりません。熱心な者が人につまずきを与えたり、信仰とは正反対の行いをすることは山ほどあります。信仰の根っ子は、自分にあるのではありません。信仰の根は、主キリストにある。このお方が、十字架の上で嘆きと不信仰を背負って、あなたをつかまえているのです。だから私たちは、絶望と見える日も信じることができる。神さまを信頼して祈り続けることができるのです。

**わたしを母の胎から取り出し**
**その乳房にゆだねてくださったのはあなたです。**
**母がわたしをみごもったときから　わたしはあなたにすがってきました。**
**母の胎にあるときから、あなたはわたしの神。**（10―11）

御子を与えてくださったのが、私たちの神さまです。神は捨てません。必ず、苦悩の闇を越えて、あなたに喜びの朝を迎えさせてくださいます。

祈り
父なる神さま。現実に翻弄されます。敵は多く、窮地に立ち、行き場を失う現実があります。そして祈っても、求めても、何も変わらず、ひとかけの平安も得られないときがあります。しかし、この世の有様はいかようであっても、あなたの心は変わりません。主キリストは、いつも共におられます。むしろ、私たちが弱く、不信仰に陥るとき、主は私たちの欠けを覆って、愛と赦しを注いでくださいます。十字架を仰ぎ、主キリストに支えられて、祈り続ける私たちとならせてください。主キリストと共に、私たちを喜びの朝へと導いてください。

主イエス・キリストの御名によって祈ります。アーメン。

# 第22編　II（23―31節）　神は苦しみを侮らず

第22編を学んでいます。２節から22節までが前半。詩人はここで、深い嘆きを祈りました。冒頭の言葉です。

**わたしの神よ、わたしの神よ**
**なぜわたしをお見捨てになるのか。**
**なぜわたしを遠く離れ、救おうとせず**
**呻《うめ》きも言葉も聞いてくださらないのか。**（２）

「神さまから捨てられた。神は遠くへ退いてしまった」、この思いがありました。試練の中で、答えがありません。

７節以下で彼は次のように祈りました。

**わたしは虫けら、とても人とはいえない。**
**人間の屑、民の恥。**
**わたしを見る人は皆、わたしを嘲笑い**
**唇を突出し、頭を振る。**（7―8）

飛んで18節

**骨が数えられる程になったわたしのからだを　彼らはさらしものにして眺め**

詩人は病気なのです。大病です。多くの人がこのような彼を嘲笑う。人々は、病気の原因を神の裁きと考えています。そこで馬鹿にして笑うのです。試練はこれだけではありませんでした。

**わたしを遠く離れないでください**
**苦難が近づき、助けてくれる者はいないのです。**
**雄牛が群がってわたしを囲み**
**バシャンの猛牛がわたしに迫る。**
**餌食を前にした獅子のようにうなり**
**牙《きば》をむいてわたしに襲いかかる者がいる。**（12―14）

敵が攻めて来ます。戦争ではありません。失脚させようとしているのです。彼らの勢いは猛牛のよう。獰猛《どうもう》さは、獲物を前にしたライオンのよう。
詩人は、名のある人物です。民に対して指導的な立場にいた人でしょう。歯車が狂ったように試練が続く。具合が悪くなりました。敵たちが攻めてくる。弱くなった詩人を追い落とそうとしているのです。そして祈った。心を込めて助けを求めたのです。

**わたしの魂を剣から救い出し**
**わたしの身を犬どもから救い出してください。**
**獅子の口、雄牛の角からわたしを救い**
**わたしに答えてください。**（21―22）

しかし、神が答えてくださることはなかった。

そして本文は後半に入ります。前半は嘆きを祈りました。聴かれなかったのです。ところが後半は賛美を歌い始めます。祈りが聴かれたのです。大きな賛美をささげます。

**わたしは兄弟たちに御名を語り伝え**
**集会の中であなたを賛美します。**
**主を畏れる人々よ、主を賛美せよ。**

**ヤコブの子孫は皆、主に栄光を帰せよ。**
**イスラエルの子孫は皆、主を恐れよ。**
**主は貧しい人の苦しみを　決して侮らず、さげすまれません。**
**御顔を隠すことなく**
**助けを求める叫びを聞いてくださいます。**（23―25）

詩人ははっきり語っています。

**主は貧しい人の苦しみを　決して侮らず、さげすまれません。**
**御顔を隠すことなく**
**助けを求める叫びを聞いてくださいます。**

健康は回復したのでしょう。罠を仕掛け、貶めようとする者たちを打ち倒すことができた。祈って助けを求め、神さまを信じて戦って、彼は勝ったのです。そこで湧き出す感謝の中で、神さまを賛美するのです。

祈りは聴かれる。神さまによって悪しき者は砕かれ、正しい者は建てられていく。幸いです。素晴らしいことです。けれども、ここで考えたいのです。「祈りは聴かれた。試練の中から救われた」。詩人はこれだけを言うのでしょうか。苦難からの救いだけを語るのでしょうか。もしそうであれば、彼のささげる賛美は単なるお礼です。「祈った」「聴かれた」「感謝です」、これだけのことになってしまうでしょう。当たり前のことになります。本文を見れば彼が言うのはそれだけでは、ありません。23節です。

**わたしは兄弟たちに御名を語り伝え**
**集会の中であなたを賛美します。**

注目したいのは、「御名を語り伝え」、この言葉です。彼は人々に、「神を語り伝える」と言うのです。「神さまが、貧しい人の苦しみを決して侮らず、さげすまれないこと。御顔を隠すことなく、助けを求める叫びを聞いてくださること」、これを証しして人々に語り伝えると言う。詩人がしているのは、単に感謝をささげることではありません。彼は、「神の救いを証言する」と言います。ひたすら救いを求めていた人が、人々に救いを伝える人に変わったのです。

大切なのは、祈りが聴かれたことよりもむしろ、苦しんだことです。祈りが聴かれたことによって詩人は、苦しみの意味がわかったのです。苦しみが恵みに変わったのです。だから神の救いを証しする。重要なのはここです。

新約聖書にヘブライ人への手紙という書物があります。12章5節以下に、次の言葉が書いてあります。読んでみましょう。

**「わが子よ、主の鍛錬を軽んじてはいけない。**
**主から懲らしめられても、力を落としてはいけない。**
**なぜなら、主は愛する者を鍛え、**
**子として受け入れる者を皆、鞭打《むち》たれるからである。」**（ヘブライ12・5―6）

「主は愛する者を鍛えるために鞭を打つ」、このことは本当です。厳しい試練の与えられることがあります。この中で私たちは、神さまご自身を学ぶのです。

マルコによる福音書を開きましょう。14章66節以下。ペトロの否みの記事です。

**ペトロが下の中庭にいたとき、大祭司に仕える女中の一人が来て、ペトロが火にあたっているのを目にすると、じっと見つめて言った。「あなたも、あのナザレのイエスと一緒にいた。」しかし、ペトロは打ち消して、「あなたが何のことを言っているのか、わたしには分からないし、見当もつかない」と言った。**（マルコ14・66―68）

「たとえ、御一緒に死なねばならなくなっても、あなたのことを知らないなどとは決して申しません」と言い切ったペトロです。強がって言ったのではありません。本当に思ったから言ったのです。

そして大祭司の中庭です。体を固くしていると女中に見とがめられました。「お前はイエスの弟子ではないか」と問われました。ペトロは考える前に話していたのです。「あなたが何のことを言っているのか、わたしにはわからないし、見当もつかない」。「変なことを言うな。俺はあの男と何の関わりもない」。女中はしつこい人です。ペトロの動揺を見て確信を深めます。「やっぱり弟子だ。弟子の一人が紛れ込んでいる」、人々にペトロのことを告げます。人々の目がペトロに集まる。「あなたがたの言っているそんな人は知らない」「知らない。わからない。関わりない。ナザレのイエスなど知るものか」。三度の否みとは、一回、二回、三回のことではありません。再三再四繰り返して、わが主を否んだのです。そして鶏が甲高く鳴きました。これと共にペトロは、主イエスの言葉を思い起こします。「あなたは今日、今夜、鶏が二度鳴く前に、三度わたしのことを知らないと言うだろう」。愕然とします。我に返っていきなり号泣するのです。

ペトロの挫折です。彼は、とても信仰熱心な人です。主イエスの一番弟子。漁師の網を捨て、家族を捨てました。照る日も曇る日もわが主の隣で御言葉を聴き、救いの業を見続けてきました。御跡《みあと》に従い続けたのです。そして敵陣のただ中にいたとき、当たり前のように我が主を否みました。強くなかったのです。自分が思っているほど立派な人間ではなかった。信仰の裏にべっとりと、不信仰が着いていました。醜い自分の姿をはっきりと知らされたのです。ペトロの挫折。大きな試練です。

そしてこの日から三日が経ちます。ペトロは復活の主イエスと出会います。彼は、主イエスに問われるのです。ヨハネによる福音書21章17節です。

**ペトロは、イエスが三度目も、「わたしを愛しているか」と言われたので、悲しくなった。そして言った。「主よ、あなたは何もかもご存じです。わたしがあなたを愛していることを、あなたはよく知っておられます。」イエスは言われた。「わたしの羊を飼いなさい。」**

「ヨハネの子シモン、わたしを愛しているか」。ペトロは「はい、愛しています」とは答えません。「あなたがご存じです」と答えます。同じ問いが三度繰り返されます。三度繰り返されることで、自分が口にした三度の否みが思い出されるのです。

**「主よ、あなたは何もかもご存じです。わたしがあなたを愛していることを、あなたはよく知っておられます。」**

そして主イエスは言います。

「わたしの羊を飼いなさい」「ペトロよ、それでよい。お前は生涯、わたしに仕えなさい」、こう言った。

ペトロに試練がなかったら、どうでしょう。大祭司の中庭で叫んだ否みがなかったら、どうでしょう。ペトロは、使徒にはなれなかったかもしれません。人の痛みがわからない。弱さがわからない。

不信仰がわからない。使徒にはなれません。十字架の意味がわからない使徒などおりません。実にペトロは、つまずくことでキリストを知ったのです。「何のために主イエスは十字架についたのだ。私たちの罪を赦し、弱さを支えてくださるためだ」、このことがわかった。借り物ではありません。福音の救いを、己の現実に刻み付けることができたのです。神さまが厳しい試練を与えてペトロの魂に、十字架の福音を刻印したのです。

**わたしの神よ、わたしの神よ**
**なぜわたしをお見捨てになるのか。**
**なぜわたしを遠く離れ、救おうとせず**
**呻きも言葉も聞いてくださらないのか。（2）**

涙も涸れるほどに祈ったのです。けれども、答えは与えられなかった。重い神の沈黙に出会いました。しかし、神さまは祈りを聴いています。「答えがない」というのと「祈りを聴いていない」というのは別です。神さまは詩人に試練を与えました。沈黙した。答えを与えないその中で神さまは、詩人を見つめているのです。彼の心の呻きを、骨が浮き上がるほどの体の痛みを、神は見続けている。詩人は力のある人です。人々の上に立っていたのです。この彼が試練にあった。試練の中で、心も、体も、社会的な立場も危うくなった。自分の無力さを味わい知った。そして神さまが自分を生かしている。このことに気がついた。回復を与えられたとき彼は、感謝だけではすみません。神さまの恵みを証ししないではいられなかったのです。

弱さと試練。詩人ひとりのことではありません。すべての人に共通した人間の本質です。誰しもが弱さを抱え、苦労をして生きている。そうであればこそ、詩人は証しせずにはいられなかったのです。

**主は貧しい人の苦しみを　決して侮らず、さげすまれません。**
**御顔を隠すことなく**
**助けを求める叫びを聞いてくださいます。**

「神は愛だ。わたしたちは試練の中で神を学んでいく。神さまはわたしたちを捨てることも裏切ることもない」、この事実を証しするのです。

**地の果てまで　すべての人が主を認め、御もとに立ち帰り**
**国々の民が御前にひれ伏しますように。**
**王権は主にあり、主は国々を治められます。**
**命に溢れてこの地に住む者はことごとく　主にひれ伏し**
**塵に下った者もすべて御前に身を屈めます。**（28—30）

世界伝道です。詩人は、イスラエルの中に留まってはいません。全世界に向けて、神の慈しみを語り出すのです。

神さまを信じて、試練が試練だけで終わることはありません。心身打ち砕かれる試練の中で、私たちは神を知ります。神さまの深い慈しみを知る。今日の私たちであれば、十字架のキリストを知るのです。試練を通して十字架のキリストが、私の主であり、私たちの救い主であることを知るのです。

祈り

父なる神さま。試練の多いこの世です。しかし、意味のない試練はありません。逃げないで、ひとつひとつの現実に立ち向かう私たちとさせてください。試練の中で十字架のキリストを経験し、あなたが、私たち一人一人を愛し、向き合っている事実を知ることができますように。今、試練の中にいる者がいます。病と闘っている人がいます。主よ、弱りきってしまわないように、守ってください。そしてあなたの慈しみの中で、主キリストと共に、毎日を歩むことができますように。

主イエス・キリストの御名によって祈ります。アーメン。

# 第23編　主は羊飼い

第23編は「羊飼いの詩」と呼ばれています。聖書の中でもよく知られ、多くの人々から愛されてきました。深い、信仰の味わいがあります。「詩編を代表する詩のひとつ」と言ってもいいかもしれません。本文を見ていきましょう。

**主は羊飼い、わたしには何も欠けることがない。**（1）

詩人は、神さまを羊飼いに、自分を羊にたとえています。羊は、頼りない動物です。方向感覚が悪い。自分がどこを歩いているのかわかりません。群れの先頭が走り出すと、自分も走り出す。何のために、どこへ向かって走っているのかもわかりません。このような調子なので、しばしば道に迷います。藪に紛れ込んで身動きが取れない。荒野に迷い出て途方に暮れる。羊は外敵から身を守るすべがありません。野獣に出会えばそれで終わりです。自分で生きていくことができません。

このような羊を守り、生かしていくのが羊飼いです。羊飼いは、自分の群れの羊、一匹一匹を知っていたと言います。それぞれの性質を知っているのです。「この羊はおとなしい」「この羊は気を付けないと、どこかへ行ってしまう」「この羊は体力が弱い」、それぞれを知っていました。羊飼いは群れを導きます。それは、一匹一匹を知ったうえで全体を導くのです。一匹がいなくなればすぐに気がつきます。いなくなった一匹を見つかるまで探し求める。野獣の襲うことがあります。こん棒を振り上げるのです。文字通り、命を懸けて羊を守りました。そして羊を牧草地へ導き、水場へ導き、養い育てていきます。

詩人は、神さまを羊飼い、自分を羊にたとえています。私たちはこのたとえを聞いても、当たり前のように思ってしまいます。特別な思いは抱かないでしょう。ところが、当たり前ではありません。詩人は、自分の弱さを認めているのです。「私は、弱く欠け多いもの。わきまえ浅く、人生の道に迷う者だ」、これを認めている。同時に詩人は、頼りない自分を生かす神さまの恵みを知っているのです。「羊のような自分。この私を、神さまは懇《ねんご》ろに導き、生かしてくださる」。この恵みを知っています。そこで彼は、確信を込めてうたうのです。「主は羊飼い、わたしには何も欠けることがない」。

私は弱いのです。欠けがあり、道に迷うことがある。しかし、羊飼いである神さまが共にいる。だから、「私は大丈夫だ」と言う。

大きな信頼を表しています。全幅の信頼です。彼に何があったのでしょう。具体的なことはわかりません。けれども、底の浅い経験ではないでしょう。神に生涯をゆだねて安心できる、大きな信仰の経験があったはずです。

聖書を開きましょう。創世記15章1節以下。アブラハム物語です。当時はまだ、アブラムと名乗っていました。アブラムに起きた出来事を通して、詩人の心に近づきたいと思うのです。創世記15章1節以下の言葉です。

**これらのことの後で、主の言葉が幻の中でアブラムに臨んだ。**
**「恐れるな、アブラムよ。わたしはあなたの盾である。あなたの受ける報いは非常に大きいであろう。」**
**アブラムは尋ねた。「わが神、主よ。わたしに何をくださるというのですか。わたしには子供がありません。家を継ぐのはダマスコのエリエゼルです。」アブラムは言葉をついだ。「御覧のとおり、あなたはわたしに子孫を与えてくださいませんでしたから、家の僕が跡を継ぐことになっています。」**（創世記15・1―3）

神さまの約束を信じて人生の旅へ出ました。信仰と努力と忍耐、そして失敗がありました。この日々を通して、アブラムは大きく祝福されました。あまたの家畜と使用人を持っています。寄留の異邦人でありながら、土地の人々から信頼と尊敬を勝ち取っている。経済的にも、政治的にも、軍事的にも力を持っていたのです。そしてこのアブラムに、一つだけないものがありました。子どもです。跡継ぎ息子がいなかったのです。当時の世の中で「跡取りがいない」では済みません。跡取りがいなければ、どこかから養子を迎えるのです。

**「わが神、主よ。わたしに何をくださるというのですか。わたしには子供がありません。家を継ぐのはダマスコのエリエゼルです。」**

**「御覧のとおり、あなたはわたしに子孫を与えてくださいませんでしたから、家の僕が跡を継ぐことになっています。」**

アブラムはもう、若くはありません。自分と妻の間に子をもうけるのは無理と考えました。養子の手はずを整えているのです。出来事自体はこういうことです。しかし、アブラムの心は機械的なものではありません。彼は、神さまを信頼して人生の旅に出たのです。与えられた約束は、「土地と子孫を受け継ぐ」というものです。十分豊かです。土地はこれからでも間に合うのです。けれども、子どもは歳をとったら望み得ません。神さまの約束が果たされなかったら、アブラムは人生の意味を失うのです。そしてこればかりは、自分の力ではどうすることもできなかった。

神さまを信じて、人生を託して従いました。神に対しても、隣人に対しても、精一杯に生きてきたのです。しかし、どうにもならなかった。祈っても、努力しても、変わらなかった。アブラムは今くずおれています。動かない現実を前にして、信仰の心が折れているのです。

そしてこのときです。神さまが動きます。力を落とすアブラムの肩を抱くようにして、彼を外へ連れ出すのです。

**主は彼を外に連れ出して言われた。「天を仰いで、星を数えることができるなら、数えてみるがよい。」そして言われた。「あなたの子孫はこのようになる。」**（15・5）

「あなたが、子をもうけるのではない。わたしが、あなたに子を授けるのだ。空の星を見なさい。数えられるなら数えてご覧。あなたの子孫はこのようになる。わたしがするのだ」、こう言った。そしてアブラムは、神の言葉を信じるのです。

**アブラムは主を信じた。主はそれを彼の義と認められた。**（15・6）

「義と認める」とは、「それでいい」ということです。

詩編に戻りましょう。詩人は語ります。

**主は羊飼い、わたしには何も欠けることがない。**

「欠けのない人生」があるのでしょうか。ある訳がない。私たちの現実を見れば欠けだらけです。

足りないところを埋め合わせ、方々の破れを繕いながら生きているのです。詩人は十分承知していま
す。彼はこれを知ったうえで、「神が私と共にいてくださる」ただそのゆえに、「わたしには何も欠け
ることがない」と言い切るのです。

彼は、大きな試練に遭ったはずです。自分の才能に敗れ、努力に敗れる。そして、信仰にさえも破
れていったと思う。アブラハムと同じです。熱心に神を信じ、精一杯努力して生きてきました。しか
し子どもは与えられなかった。自分の力ではどうすることもできない現実に突き当たるのです。そし
て詩人は試練の中で新しく神と出会った。人間的には絶望と見える現実の中で、神さまが詩人に近づ
いてくださった。詩人は立ち上がることもできません。そして、神が傍らに立って彼を起こしてくれ
た。これからは、神さまが羊飼いとなって、行く道の一歩一歩を導いてくださる。このことを知った。
だから彼は歌うのです。

**主は羊飼い、わたしには何も欠けることがない。**
**主はわたしを青草の原に休ませ**
**憩いの水のほとりに伴い**
**魂を生き返らせてくださる。**（1―3）

かつては、自分の道を自分の力で歩んでいたでしょう。しかしこれからは、神が導く人生の道を歩

んでいく。心に休みが与えられました。羊が湧き出る水に渇きを潤すように、憩いが与えられた。彼は生き返りました。魂が新しく、生きる力を取り戻す経験をしたのです。

**主は御名にふさわしく　わたしを正しい道に導かれる。**
**死の陰の谷を行くときも　わたしは災いを恐れない。**
**あなたがわたしと共にいてくださる。**
**あなたの鞭《むち》、あなたの杖**
**それがわたしを力づける。**（3―4）

「御名にふさわしく」と言います。私の願いではないのです。神さまが、私を愛してくださいました。神さまが御自分の心で、私に最もふさわしい救いを与えてくださった。正しい道へと導いてくださる。

この時代には、「死の陰の谷」と呼ばれる旅の難所があったといいます。ゴツゴツした岩場が続く谷。水が底を突きます。次のオアシスまではまだ距離がある。旅人は弱ります。旅人が弱っていると見て野獣が襲いかかるのです。喰われた旅人の骨が白骨と化して散らかっている。「死の陰の谷」です。人生の中で、このような谷を通るときがあります。越えていかなければならないのです。

私にも経験があります。母の余命が告げられたのです。二十二歳のときでした。母親が入院している大学病院でこの話を聞いた。病院から駅まで、帰りのバスに乗ったのです。そうしたら、母の主治医がそのバスに乗ってきたのです。親の余命を告げられてから一時間足らず後のことです。そして私とその医者の間に、何の対話もありません。当然なことなのですが。私はとても空しいものを感じました。私と愛する者が脅かされる。死の影が迫ってくる。大学病院の力では太刀打ちできないのです。そして母は、医者の告げた通りに亡くなりました。現代の死の陰の谷です。

神を信じて、不幸が起こらないのではありません。険しい現実を生きていくのです。しかし、私たちは独りではありません。神が導くのです。

「あなたの鞭、あなたの杖」、これは、羊飼いが携行している道具です。鞭をもって野獣を追い払います。それでも食い下がって来れば、こん棒を振り上げて野獣を打ちのめす。このようにして羊を守るのです。試練はあります。涙はあるのです。しかし神が共にいてくださるとき、私たちに絶望はありません。このお方が、死の陰の谷から青草の原へと、私たちを導き出してくださるのです。それは抽象的なことではありません。親が死にかかっているときに、慰めてくれる人がいました。私の不安と悲しみを受け取ってくれる人がいた。祈ってくれる人たちがいました。この一つ一つが、神が導くということ。神の鞭と杖が、私を守ってくれるということです。

わたしを苦しめる者を前にしても
あなたはわたしに食卓を整えてくださる。
わたしの頭に香油を注ぎ
わたしの杯を溢れさせてくださる。（5）

「わたしを苦しめる者」、人生には敵がおります。私を追い落とそうとするのです。私が苦しむと、喜ぶ人がいるのです。「あなたはわたしに食卓を整えてくださる」、これは旅人を迎える主人のイメージです。人生という旅の中で敵に出会う。私が生きるのを、妨げる者と出会うのです。このとき、神さまが私を家の中にかくまってくれる。恐れる心は癒されます。辛かった身に、ねぎらいの食卓を用意してくださる。「杯が溢れる」と言います。人生が満たされることです。苦労の多い人生。しかし神さまが、平安と喜びをもってこの人生を豊かに満たしてくださるのです。

命のある限り
恵みと慈しみはいつもわたしを追う。
主の家にわたしは帰り
生涯、そこにとどまるであろう。（6）

最後は、詩人の希望と確信です。「命のある限り」、この人生が続く限り。「恵みと慈しみはいつもわたしを追う」、まるで猟犬のように、幸いの方が私を追いかけて来ると言うのです。

**主の家にわたしは帰り**
**生涯、そこにとどまるであろう。**

詩人は、人生の終わりを見つめているように思う。神さまに導かれてこの世の旅を終えたなら、主の家に行こう。わが故郷へ帰ろう。そこに、永遠の祝福がある。このように、信仰を告白している。

私たちも、詩人と信仰を同じにするものです。私たちの羊飼いは、神の子主キリストです。このお方が、私たちの牧者となって行く道を導いてくださる。ヨハネによる福音書10章14節以下を読みましょう。

**わたしは良い羊飼いである。わたしは自分の羊を知っており、羊もわたしを知っている。それは、父がわたしを知っておられ、わたしが父を知っているのと同じである。わたしは羊のために命を捨てる。わたしには、この囲いに入っていないほかの羊もいる。その羊をも導かなければならない。その羊もわたしの声を聞き分ける。こうして、羊は一人の羊飼いに導かれ、一つの群れになる。**（ヨハネ10・14―16）

キリストは、私たちの罪を赦し、私たちを神のものとするために十字架につきました。ご自分の命を犠牲にして、私たちを生かすのです。キリストは十字架の上で死にました。しかし、それで終わりません。主は三日目に復活を遂げます。死の中から甦り、私たちと共にいてくださる。私たちの人生の歩みを導き、神の国へと至らせてくれるのです。

**主は羊飼い、わたしには何も欠けることがない。**
**主はわたしを青草の原に休ませ**
**憩いの水のほとりに伴い**
**魂を生き返らせてくださる。**

私たちは、誰を牧者にするのでしょう。自分の道を、我が身を頼みとして歩くのでしょうか。それも生き方です。あるいは、キリストを牧者として、御跡《みあと》に従うのでしょうか。私たちに問われているのは、決断です。聖書からいくらメッセージを聞いても、あなたが決断しなければ何も始まりません。「聖書から良いお話を聞きました」で終わるのなら、信仰は教養を養うか、気やすめで終わります。主イエスを救い主、私の羊飼いとして、迎えるか否かが問われているのです。

祈り

父なる神さま。主キリストは真の羊飼い。私たちを救うために十字架につき、復活を遂げたお方です。主イエスを私の羊飼いとして、人生にお迎えするものとさせてください。既に信仰を決心して、主と共に歩んでいる人がいます。また、祈りと葛藤を繰り返して、主を尋ねている人がいます。天の父よ、一人一人にふさわしい恵みを注いでください。願わくは、迷いつつ道を求めている一人一人に、聖霊による導きを増し加えてください。そして、強いられる心ではなく、自由な心で信じ、自らの口をもってイエスを告白する者となることができますように。そして私たちすべての者が、喜びと感謝をもって、「主は羊飼い、わたしには何も欠けることがない」と、言い表すことができますように。

主イエス・キリストの御名によって祈ります。アーメン。

# 第30編　わたしの神、主よ

詩人は、大病をしました。命の危機に瀕したのです。年齢はまだ若かったはずです。少なくとも死を予感する年ではない。突然やって来た命の危機。深い心の動揺。人生の前提が変わりました。彼は祈りました。初めてのように神に祈ったのです。そしてついに、祈りは聴かれました。病は癒され危機を脱することができたのです。

「病気になった、祈った、癒された。だから感謝です」、こうではありません。詩人は命の危機から救われることを通して、新しく神さまと出会ったのです。危機の中で魂は揺さぶられます。その中で心の目は開かれ、神と出会う。神さまが漠然とした存在ではなく「わたしの神、わたしの主」になったのです。本文を見ていきましょう。

**主よ、あなたをあがめます。**
**あなたは敵を喜ばせることなく**
**わたしを引き上げてくださいました。**（2）

「敵を喜ばせることなく」と述べられている「敵」は、人間ではありません。不可解な「運命」のことです。神から出たものではありません。わけのわからない不可解な力が私に迫り、私を死の淵へ落とそうとしている。そして神は私を助け、死の淵から引き上げてくださった。

**わたしの神、主よ、叫び求めるわたしを**
**あなたは癒してくださいました。**
**主よ、あなたはわたしの魂を陰府《よみ》から引き上げ**
**墓穴に下ることを免《まぬか》れさせ**
**わたしに命を得させてくださいました。**（3―4）

体力気力が衰えます。病気の進行は怖いものです。日増しに悪くなる。大げさではなくて、午前中にできていたことが、午後にはできなくなってしまう。詩人は「叫び求めた」と言います。心を落ち着かせて祈ったのではありません。身動きのならない現実の中で呻《うめ》きつつ、神さまに叫びをあげたのです。

何日、叫んだのでしょう。どのくらいの日数が過ぎたのでしょう。彼の叫びは天に届きました。大きな恵みが与えられて、彼は癒されたのです。

**主の慈しみに生きる人々よ**
**主に賛美の歌をうたい**
**聖なる御名を唱え、感謝をささげよ。**
**ひととき、お怒りになっても**
**命を得させることを御旨としてくださる。**
**泣きながら夜を過ごす人にも**
**喜びの歌と共に朝を迎えさせてくださる。**（5―6）

眠れない夜が何日もあった。呻き続け、叫び続けたのです。そして注ぎ出す祈りは空しく終わりませんでした。病は癒され回復を与えられたのです。嘆き悲しむ夜は明けて、喜びの朝が来た。自分ひとりの賛美ではありません。「主に賛美の歌をうたい、聖なる御名を唱え、感謝をささげよ」、人々に呼びかけているのです。

「ひととき、お怒りになっても」。この言葉に違和感を覚えるのではないでしょうか。当時は、大病は「神の怒り」あるいは、「罪の報い」このように考えられていました。大きな試練に、神の裁きを認めたわけです。そこでこのような表現になるのです。流す涙で瞼《まぶた》は腫《は》れあがったでしょう。何日も何日も、嘆きの夜が繰り返されました。そして、ついに来たのです。嘆きの夜は明けて、喜びの朝が来た。神の慈しみを実感する日が来たのです。

**ひととき、お怒りになっても**
**命を得させることを御旨としてくださる。**
**泣きながら夜を過ごす人にも**
**喜びの歌と共に朝を迎えさせてくださる。**

次の7節以下は解釈が必要です。詩人は今、癒されています。祈りは聴かれたのです。この現在に立って彼は、過去を振り返るのです。

**平穏なときには、申しました**
**「わたしはとこしえに揺らぐことがない」と。**
**主よ、あなたが御旨によって**
**砦《とりで》の山に立たせてくださったからです。**
**しかし、御顔を隠されると**

わたしはたちまち恐怖に陥りました。(7―8)

元気いっぱい、健康なときには、理由のない確信を持ちます。「自分はずっと元気だ」と、病み衰える肉の命を生きていることを忘れるのです。気付かないうちに傲慢《ごうまん》になります。詩人はまさにそうでした。堅固な「砦の山」、恵みとして健康を与えられていることに気付かなかったのです。そして病んだ。私の元気は崩れました。太陽が雲の中に入って全地が暗くなる有様です。彼はうろたえた。現実は日増しに厳しくなります。近づく死を予感して、恐くなったのです。

主よ、わたしはあなたを呼びます。
主に憐れみを乞います。
わたしが死んで墓に下ることに　何の益があるでしょう。
塵があなたに感謝をささげ
あなたのまことを告げ知らせるでしょうか。
主よ、耳を傾け、憐れんでください。
主よ、わたしの助けとなってください。(9―11)

病床での祈りです。「主に憐れみを乞います。耳を傾け、心を向けて、私を憐れんでください」と祈る。憐れみとは、神さまの慈しみのことです。詩人は、「ああしてください」「こうしてください」

と祈ることはできない。病の中で、自分の小ささを知ったのです。これまでの人生を振り返って、自らの不遜さ、傲慢さに気が付いたでしょう。ただただ、神さまの憐れみを求めて祈った。これしか祈ることができなかったのです。そしてこの祈りは、聴かれました。

**あなたはわたしの嘆きを踊りに変え**
**粗布を脱がせ、喜びを帯としてくださいました。**
**わたしの魂があなたをほめ歌い**
**沈黙することのないようにしてくださいました。**
**わたしの神、主よ　とこしえにあなたに感謝をささげます。**（12—13）

与えられた恵みを振り返って、感謝をささげています。

**あなたはわたしの嘆きを踊りに変え**
**粗布を脱がせ、喜びを帯としてくださいました。**

命を与えられた喜びです。

**わたしの魂があなたをほめ歌い**
**沈黙することのないようにしてくださいました。**

「わたしの魂」が自ずと歌い出すのです。神さまをほめたたえて黙ることはできない。大きな幸いを与えられました。

第30編には特徴があります。３節で次のようにうたっています。

**わたしの神、主よ、叫び求めるわたしを**
**あなたは癒してくださいました。**

「わたしの神、主よ」この言葉です。詩の初めにうたうのです。そして最後にも、同じ言葉が出てきます。

**わたしの魂があなたをほめ歌い**
**沈黙することのないようにしてくださいました。**
**わたしの神、主よ　とこしえにあなたに感謝をささげます。**

申していますとおり、生き死にのかかる大病を経験しました。日ごと夜ごと、ただ神さまの憐れみを求めて祈ったのです。そしてこの交わりの末に詩人は、「わたしの神、主よ」こう呼ぶようになった。詩人の中で神さまが変わったのです。見えないどこかにいるだろう「尊いお方」ではなく、私の目の前にいる「あなた」になったのです。

ひとりの知人がおります。女性です。当時、三十代の後半でした。性格は明るくて、とても積極的です。高校の体育の先生をしていました。三十代の初めに結婚して、五年目で初めての子どもを宿したのです。嬉々として喜ぶと言うよりも、厳粛に幸せをかみしめている様子でした。ところが、激しい仕事の日々が災いしたのかもしれません。流産の危険に見舞われました。救急車で運ばれ、そのまま入院です。入院して二週間は、文字通りの絶対安静です。身動きをしてもいけないのです。積極的な人です。さまざまな人とのつながりを作りました。人とのつながりを作って、それを形にしていく人です。毎日動き回っていました。その人が絶対安静。そして彼女は、子どもがとても欲しかったのです。結婚五年目で初めての妊娠。三十代半ばであり、「高齢出産」と呼ばれていました。彼女は何としても産みたかったのです。人生の危機です。お腹の子どもの命がかかっています。彼女は、このときのエピソードを一つ教えてくれました。

ベッドに縛られるように絶対安静。体が汚れます。しかし身を動かして、体を拭いてもらうこともできないのです。この中で彼女は、「看護師さんに手を拭いてもらった」というのです。お湯に浸した暖かいタオルで、手を拭いてもらった。肘から始まって、指の一本一本まで丁寧に拭いてもらった。このとき彼女は、わけもなくポロポロ、ポロポロ、涙が流れたと言います。走り回るように生きてきたこれまで。能力が高くて、たくさん勉強をし、人とのつながりを作り、様々なフィールドで活動しました。その自分が、人から手を拭いてもらっている。情けないのではありません。ありがたかったのです。自分のこれまでの生き方は、傲慢だったと言いました。初めて、人の心の温かさを知ったと言いました。そして彼女はこのような絶対安静の日々を通して、「キリストがわかったような気がする」と言いました。装うことができない弱さの中で、自分は何もできません。私が信じるのではなく、すがりつくのでもない。「キリストが、私とお腹の赤ちゃんをずっと抱きかかえてくれていた」と言うのです。やがて彼女は、元気な女の赤ちゃんを産みます。危機を脱して、喜びの日を迎えたのです。

パウロの言葉を聴きましょう。ローマの信徒への手紙5章3節以下です。

**それればかりでなく、苦難をも誇りとします。わたしたちは知っているのです、苦難は忍耐を、忍耐は練達を、練達は希望を生むということを。希望はわたしたちを欺《あざむ》くことがありません。わたしたちに与えられた聖霊によって、神の愛がわたしたちの心に注がれているからです。**

（ローマ５・３―５）

勇ましく苦難を誇るのではありません。心身共にくずおれる苦しみの中で、苦難の意味を見出しています。苦しいことも無駄には終わらない。苦難を忍耐するとき、十字架のキリストが見えてくるのです。苦しみの中にいる自分と、十字架のキリストが一つになるようにして忍耐する。キリストと深く結ばれていきます。これが練達です。そして主と共に苦難を耐え忍ぶとき、希望が広がるのです。

これは不思議です。状況は変わっていません。厳しいのです。しかし心に希望は湧いてきて、神の愛に包まれるのです。

詩人は元気いっぱいでした。神さまを信じています。しかしこのときの神さまは、遠かったのです。そして自分が弱くなったとき、本当の所で神さまがわかった。神さまは遠くにいるのではない。「ありのままの私を知り、目の前にいてくださる」、このことを経験したのです。そこで詩人は、「わたしの神、主よ」と呼びかけるのです。

試練のときを、しっかり生きることが重要です。「さあ、頑張れ」というのではありません。逃げないのです。キリストを信頼して、自分の現実に立ち向かうのです。このとき私たちは知ります。神が愛であることを知るのです。キリストが私の痛みと苦しみを負って、共にいてくださることを知る。神さまが、味方であることを知るのです。

**ひととき、お怒りになっても**
**命を得させることを御旨としてくださる。**
**泣きながら夜を過ごす人にも**
**喜びの歌と共に朝を迎えさせてくださる。**

祈り

父なる神さま。世にあっては、苦難のある私たちです。体、心、勉強、仕事、人間関係。苦難を味わわない人はいません。そして主よ、あなたは私たちの嘆きを受け止めてくださる方です。主は十字架にかかりました。私たちの苦難を負ってくださいました。そして主は、三日目に復活を遂げました。この主キリストと共に、歩む者とさせてください。そして主と共に、嘆きが喜びに変わる、復活の朝を迎えることができますように。

主イエス・キリストの御名によって祈ります。アーメン。

# 第37編　I（1―22節）　主は知っている

詩編の中には様々なジャンルがあります。「賛美をうたうもの」「嘆きをうたうもの」「救いを求めるもの」「感謝をささげるもの」。この中で第37編は、「教訓詩」と呼ばれています。人々に信仰の教えを与えるものです。旧約聖書の中に、「箴言」という書物があります。知恵の教師と呼ばれる指導者が、個々具体的な事例について、教えを与えていくものです。37編は、詩であるよりも箴言に近いものです。厳しい現実を前に信仰の指導者が、人々に教えを与えていく。前半から見ていきましょう。

**悪事を謀《はか》る者のことでいら立つな。**
**不正を行う者をうらやむな。**
**彼らは草のように瞬く間に枯れる。**
**青草のようにすぐにしおれる。**

主に信頼し、善を行え。
この地に住み着き、信仰を糧とせよ。
主に自らをゆだねよ
主はあなたの心の願いをかなえてくださる。
あなたの道を主にまかせよ。
信頼せよ、主は計らい
あなたの正しさを光のように
あなたのための裁きを　真昼の光のように輝かせてくださる。（1―6）

信仰の先生です。彼は、「悪事を謀る者のことでいら立つな」「不正を行う者をうらやむな」と語ります。神さまを信じて真面目に生きている人がいます。素朴であり、実直であったでしょう。片や、神を神とも思わず、人を人とも思わない人間がいる。悪い人です。そして神さまを軽んじて悪事を働く人間の方が、栄えているのです。本文には「いら立つな」という言葉が繰り返して語られています。

・悪事を謀る者のことでいら立つな。
・悪だくみをする者のことでいら立つな。
・自分も悪事を謀ろうと、いら立ってはならない。

信じる人々は、苛立っていたのです。神を侮る者たちが富み栄え勢いを持っている。疑いもなく世の中の中心におります。信じる者たちには力がありません。脇へ追いやられているのです。「神さまは何をしているのだろう」「神さまを信じてこのようであれば、信仰の甲斐がないではないか」。理屈に合わない現実を前にして、心は苛立つのです。そして指導者は懇《ねんご》ろに語り掛けます。

**悪事を謀る者のことでいら立つな。**
**不正を行う者をうらやむな。**
**彼らは草のように瞬く間に枯れる。**
**青草のようにすぐにしおれる。**
**主に信頼し、善を行え。**
**この地に住み着き、信仰を糧とせよ。**

「悪事を謀る」「不正を行う」。彼らは、頭の悪い人たちではありません。むしろ、頭の回転は速いのです。他人が考えられないようなことを思いつく閃きさえあったでしょう。神を畏れず、人に捕われず、自分の才覚を信頼して生きていく。この結果成功している。羨ましくなります。「あんな風に生きられたらいいなあ」と思ってしまう。しかし先生は言うのです。

**彼らは草のように瞬く間に枯れる。**

**青草のようにすぐにしおれる。**

信仰の教師は、若い人ではありません。むしろ、年を取った人物です。彼は人生の中で何度も見てきたのです。自分の力に酔い、邁進していた者が、気付いてみれば跡形もなくいなくなっていた。人の勢いなどはほんの一瞬にすぎない、このことを見てきた。

**主に信頼し、善を行え。**

**この地に住み着き、信仰を糧とせよ。**

重要なのはここです。自分本位に生きて、勢いのある者たちがいる。苛立つな。羨むな。では、神さまを信じる私たちはどう歩めばいいのでしょう。この問いに対して彼は、はっきりと告げるのです。

**主に信頼し、善を行え。**

**この地に住み着き、信仰を糧とせよ。**

主の誠を土台とします。この上に立って善を行う。「この地に住み着き」とは、現実から逃げないことです。暮らしをかけることです。そして神さまを信じ、自らの糧として歩め、このように告げる。

少し、具体的に考えていきましょう。「主に信頼し、善を行え」とは実生活の中では、どのようなことを言うのでしょう。説き明かしている所があります。ローマの信徒への手紙12章15節以下です。

喜ぶ人と共に喜び、泣く人と共に泣きなさい。互いに思いを一つにし、高ぶらず、身分の低い人々と交わりなさい。自分を賢い者とうぬぼれてはなりません。だれに対しても悪に悪を返さず、すべての人の前で善を行うように心がけなさい。できれば、せめてあなたがたは、すべての人と平和に暮らしなさい。愛する人たち、自分で復讐せず、神の怒りに任せなさい。『復讐はわたしのすること、わたしが報復する』と主は言われる」と書いてあります。「あなたの敵が飢えていたら食べさせ、渇いていたら飲ませよ。そうすれば、燃える炭火を彼の頭に積むことになる。」悪に負けることなく、善をもって悪に勝ちなさい。（ローマ12・15―21）

高ぶって、人を見下すことをしません。隣人を重んじます。思いやりの心を持って、できる限りの親切をするのです。そして、復讐をしません。怒りはあっても復讐は主にゆだね、積極的に善を行っていく。パウロは、「このとき、あなたは悪に勝つ」と言います。いいえ。単に悪に勝つのではありません。人生に勝つのです。これが、神さまを信頼して、善を行う生き方です。

きれいごとに聞こえるかもしれません。「これでは世の中は通用しない。理想だ。きれいごとだ」。しかし、そうでしょうか。パウロは、「世間知らずのお人よし」で生きていけと言っているのではありません。「敵と闘うな」と言っているのでもないのです。彼が語っていることは二つです。「罪を犯さないこと」と「神と人に善を行うこと」、この二つです。「悪いことをしないで、善を行って、この世の現実と闘え」と言っているのです。

悪いことをすると、心に負い目ができます。自己評価が下がります。そして人からつけこまれるのです。いつの間にか、神さまが遠くなってしまいます。反対に、悪いことをしないで、神と人に対して善を行って生きたらどうでしょう。その人は、平安な心で生きることができます。神と人を信頼し、楽しいことを楽しいと思い、悲しいことを悲しいと思うことができる。

悪と善とでは、善の方が強いのです。人間関係がそうです。善い人間関係は広がっていきます。人と人との繋がりを増やしていきます。一方悪い人間関係は、必ず行き詰まります。いつの間にか、パラパラと離れていくのです。


**主に信頼し、善を行え。**

**この地に住み着き、信仰を糧とせよ。**


理想を語っているのではありません。努力目標を掲げているわけでもない。「どのようなときにも、主に信頼し、善を行うとき、人は救われる」と言っているのです。

私は一人の牧師を思い出します。この牧師は、山梨県の山間部にある小さな村で、三八年間伝道をした人です。開拓伝道の最初のころには、文字通りの迫害を受けました。物置かと思うような会堂がありました。十字架が立っているのです。牧師一家が外出をして帰ってみると、十字架がへし折られている。日曜日に礼拝をささげます。仏教を信じる人たちが太鼓を叩いて、会堂を取り囲むのです。教会の牧師だとわかると、その村では食料品も売ってくれませんでした。牧師の妻は教会の空き地を開墾して、野菜を作って、家族で食べたと言います。そして牧師は、復讐しませんでした。むしろ村のために祈り、愛を持って仕えた。具体的には、保育園を造ったのです。五十年余りも前のことです。農繁期になると、乳幼児は行き場所がなくなってしまいます。大げさではなくて、半日、家の柱にしばりつけておく有様でした。牧師の妻は保育士です。子どもを集めて面倒を見ました。これをきっかけとして、村で最初の保育園を造ったのです。人々の心は、段々とやわらかくなりました。牧師夫婦を信頼し、やがて尊敬するようにさえなった。村での立場ができたのです。しかし、人々がキリスト教を信じるわけではありません。牧師夫婦には三人の子どもがいました。「ヤソ、ヤソ」と言われてからかわれました。顔に唾をかけられる有様です。それでも、主の日ごとに礼拝をささげ、村のために祈り、保育事業を続けました。牧師は、病のために六十六歳で隠退しました。八十歳を過ぎて天国へ行きました。最期を迎えたときの牧師の姿を忘れることができません。何一つ、人生の負い目がないのです。自慢することも、後悔することもなかった。あるのは、神と人への感謝だけでした。

**主に信頼し、善を行え。**
**この地に住み着き、信仰を糧とせよ。**

きれいごとなどではありません。神さまは、私たちに、このように生きることを求めているのです。現実はそれぞれ皆違います。この中で、悪をもって悪に返さず、神さまを信頼して善を行って歩むのです。ここに救いがあるのです。

そしてひとつ、重要なことがあります。どこから、この力が来るかです。私たちは、反射的に復讐を考えます。悪いことをしているとわかっていても、その人が成功していると、羨ましくなります。「すごい人だ」と思うことさえある。このような私たちが、「主を信頼し、善を行って生きる」。どこから力をもらえばいいのでしょう。頑張ってできることではありません。詩編の中に答えが書いてあります。18節の言葉です。

**無垢《むく》な人の生涯を　主は知っていてくださる。**

述べられている「無垢」とは、罪のないことではありません。神さまを信頼し、従っていく上で、まっすぐな人のことです。悪いことをしたら悔い改めます。信仰につまずいたなら、もう一度起き上がる。これが聖書の言う「無垢な人」です。そして神さまは、「このような人の生涯を知っていてくださる」。注目しましょう。「知る」という言葉が大事です。「知る」とは、単に「理解する」「認識する」だけではありません。語られている「知る」とは、神さまがひとりの人間に対して、「愛の関心をもって見守り、支えていく」という意味です。

地方にいる友達が遊びに来ました。「これ次男坊」と言って、一枚の写真を見せてくれました。春、小学校に入学した次男息子のスナップ写真です。入学式が終わって、クラスの集まりも終わったのでしょう。ランドセルを背負ってグランドにいます。私は聞きました。「誰が撮ったの？」「妻」「うーん、うまいね！」。その写真は、あまりにも生き生きしていたのです。片足を少し浮かせて、友達に話しかけています。嬉々として、その子の愛らしい個性をギュッとつかんでいる写真です。

愛の関心を持つとはこういうことでしょう。ボンヤリと見るのではありません。手の届かないところから見守るのでもない。その子の本質を知り、抱きとめるように見るのです。子どもを外敵や危険から守ります。文字どおり命を懸けて育てます。神さまは、このようにしてあなたを見ている。あなたを愛しているのです。

新約聖書をもう一つ参照しましょう。ヘブライ人への手紙12章1節以下の言葉です。

**こういうわけで、わたしたちもまた、このようにおびただしい証人の群れに囲まれている以上、すべての重荷や絡みつく罪をかなぐり捨てて、自分に定められている競走を忍耐強く走り抜こうではありませんか、信仰の創始者また完成者であるイエスを見つめながら。**（ヘブライ12・1―2）

私たちを愛する神さまの愛の現れが、イエス・キリストです。私たちは、この方を仰ぐのです。悪の栄える現実があります。信じていて何になるのかと思える日があります。この中で、キリストを仰ぐのです。主は十字架について、理屈に合わないこの世の現実を担いきってくれました。私たちが裁かれないために、滅びてしまわないために、主は十字架についたのです。「わたしはあなたを決して捨てない」「見よ、世の終わりまで、わたしはいつもあなたがたと共にいる」、そうはっきり語ってくださる方です。私たちはこの主キリストを仰いで、「主に信頼し、善を行う」のです。備えられた、救いの道を歩いていくのです。

祈り

父なる神さま。この世の現実は強いものです。そして私たちは小さい者です。しかし私たちは主キリストを信じています。主を信じることによって、神なるあなたのものになっています。私たちは弱くても神なるあなたは強い。主を信頼し、畏れをもって、幸いな日にも試練のときにも善を行って歩む私たちとさせてください。先立つ主キリストを仰ぎ、このお方と共に救いの道を歩ませてください。主イエス・キリストの御名によって祈ります。アーメン。

# 第37編　II（23―40節）　主は人の一歩一歩を定め

先述のように第37編は、「教訓詩」と呼ばれています。信仰の指導者が、個々具体的な現実を前にして、人々に教えを与えていくものです。本文を見ていきましょう。後半の23節からです。

**主は人の一歩一歩を定め**
**御旨にかなう道を備えてくださる。**
**人は倒れても、打ち捨てられるのではない。**
**主がその手をとらえていてくださる。**（23―24）

詩編全体の中でも、深い慰めのある言葉です。この箇所に、線を引いている方も多いのではないかと思います。

**人は倒れても、打ち捨てられるのではない。**

「倒れる」、この場合は、挫折することを意味します。長い時間をかけて準備したところが実を結ばない。受験が不合格であった。仕事が成功しなかった。計画が頓挫した。たくさんあります。私たちを襲う挫折の数は、数えきれません。どれをとっても辛いのですが、最も厳しい挫折は、人間関係であると思います。些細なことでつまずきます。ボタンの掛け違いのようなことが起こって、互いの間に溝ができる。長い時間をかけて築いてきた人間関係が壊れてしまう。単純な人付き合いなら関係が壊れても大きな痛みにはなりません。けれども、関係が深ければ深いほど、齟齬《そご》が生じたときの痛みは深いものです。壊れてしまった人間関係を見つめて、「どこが悪かったのか」と思うことがあります。「ここが悪かったのだ」「あそこがいけなかった」と原因を特定することはできないでしょう。人と人との関係とは、そのようなものだと思います。そして、心に痛みを抱えて思うことはないでしょうか。「まるで神さまに打ち叩かれているようだ」。神さまを信じて生きて、大事な人間関係が壊れてしまう。神さまから裁かれているように思うのです。気持ちは暗くなって、まるで人生の日々が、刑罰のように思えることさえあります。そして、37編を書いた信仰の教師は語るのです。

**人は倒れても、打ち捨てられるのではない。**

**主がその手をとらえていてくださる。**

「人は倒れても」。人間関係に、破れや失敗はあると言うのです。しかし、「そのようなあなたは、神さまに捨てられているのではない」。神さまから見放されているのでも、まして刑罰を受けているのでもない。それどころか、「主が、あなたの手をとらえていてくださる」と言うのです。

挫折のただ中にあるとき、私たちは痛いのです。心が火傷をしたように痛い。祈る言葉さえなくなります。しかしそのただ中で、苦しんでもがくしかない私を、主はつかんで離さないのだと言う。25節には、「若いときにも老いた今も」と述べられています。語っている信仰の教師は年配の人です。彼は、頭の中で理屈を語っているわけではありません。彼も挫折したことがあるのです。人間関係の中で手ひどい挫折を味わった。そのときは気付かなかったでしょう。自分の辛さしか見えません。しかし後になって彼は、神さまの手を見たのです。神さまの働きを知ったのです。「神さまは、あのどん底の中で、私を離さずにつかまえてくれていた」。神さまの慈しみの手を認めることができた。そこで穏やかに、はっきりと語るのです。

**主は人の一歩一歩を定め**
**御旨にかなう道を備えてくださる。**
**人は倒れても、打ち捨てられるのではない。**
**主がその手をとらえていてくださる。**

「道に倒れることがあっても、主があなたの手をとらえている」。そして、あなたの手をとらえている神さまは、人生の一歩一歩を導く方です。挫折すれば、「もうダメだ」と思います。「別の道を選ぼう」と思うところです。ところが、そうではないと言います。挫折している私は、あなたは、神さまの御手の中にいるのです。挫折の中でフリーズ状態。うずくまっているかもしれません。しかし神さまは、うずくまるあなたのその前に、道を備えてくださると言うのです。

具体的に考えていきましょう。聖書の中に、大きな挫折を経験した人がいます。人間関係が破綻したのです。大げさではなく、精神的に打ちのめされて倒れました。そしてこの現実の中から力強いお導きをいただいた人がおります。その人は、キリストの使徒パウロです。

舞台となるのはコリント教会です。パウロは紀元五〇年ごろ、初めてコリントの町に入りました。アキラ、プリスカ、テモテ、シラス。同労者と共にコリント伝道を開始します。当時のコリントは港を二つ持つ大都市でした。東西を結ぶ交通の要所で、たくさんの人と物が行き交っていました。パウロはこの町に腰を据え、一年半の時間をかけて伝道します。やがて教会が形づくられるとパウロは、次の伝道地へと向かいました。そして、パウロがコリントを離れてから二年くらいたったころです。教会に問題が起こりました。「『わたしはパウロにつく』『わたしはアポロに』『わたしはケファに』『わたしはキリストに』」。仲間争いが起こったのです。教会の分裂騒ぎです。このときパウロはエフェソにおりました。状況を知らされました。すぐにでも駆けつけたかった。ところが、それができませんでした。そこで手紙を書いたのです。混乱した教会に指導を与え、教会から出されている質問に答えるために手紙を書きました。これが、コリントの信徒への手紙一です。

パウロは、手紙だけで済ませる気持ちはありません。自分がコリントへ行くことを前提としています。つまり、訪問に先立って、とりあえず手紙を書いたのです。ところがここで事件が起こります。エフェソの地で信仰の迫害が起こります。これがために、パウロは逮捕されてしまいます。当時の消息が伝えられています。コリントの信徒への手紙二1章8節以下の言葉です。

**兄弟たち、アジア州でわたしたちが被った苦難について、ぜひ知っていてほしい。わたしたちは耐えられないほどひどく圧迫されて、生きる望みさえ失ってしまいました。わたしたちとしては死の宣告を受けた思いでした。**（IIコリント1・8―9）

述べられている「アジア州」と言うのがエフェソのことです。パウロは忍耐強い人です。この人が、「耐えられないほど」と言います。また、「死の宣告を受けた思い」と語る。拷問があったのでしょう。文字どおり死の危険があったのだと思います。そしてエフェソでの投獄は、明確にはわからないのですが、およそ一年近く続いたと考えられています。一年近く牢屋にいる、とても厳しいことです。

そしてこの間の出来事です。パウロがエフェソで迫害を受け投獄されているとき、コリント教会に大きな変化がありました。教会に、「偽使徒」と呼ばれる、偽りの伝道者たちが入ったのです。彼らは雄弁でした。霊的な不思議を現す能力もあったようです。偽使徒たちは教会の創設者であるパウロを否定します。異なる福音を伝えては、教会を牛耳ろうとしたのです。偽使徒たちが何をしていたのか、様子が記されています。第二コリント11章20節の言葉です。

**実際、あなたがたはだれかに奴隷にされても、食い物にされても、取り上げられても、横柄な態度に出られても、顔を殴りつけられても、我慢しています。**

偽使徒たちは、雄弁と霊的な異能を誇りました。これによって教会を圧倒し、教会員を奴隷状態にした。自分たちの言うことを聞かせ、自分たちに金品を貢がせていたのです。恐ろしいことに教会員は、嫌々していたのではありません。喜んでしていたのです。パウロにしてみれば、自分が種をまき、育てた教会です。一人ひとりに福音を伝え、キリストに導いたのです。この教会が偽使徒たちに占領されてしまった。愛する教会が、偽使徒たちのとりこになってしまったのです。

そして、牢から出る日が来ます。釈放になりました。パウロは直ちにコリント教会へ向かいます。教会を偽使徒たちの手からキリストの御手の中に取り返そうとするのです。ところがこの訪問は、大失敗に終わります。教会員がパウロを受け入れません。パウロがキリストの使徒であることを否定しました。教会は、偽使徒の側についてしまったのです。パウロは怒りと悲しみに震えて十分に話をすることもできませんでした。「また来る！」一言だけ言い残して、教会を去ったと伝えられています。

これがパウロの挫折です。パウロは「わたしたちの推薦状は、あなたがた自身です」と第二コリントの3章2節に記しています。「自分が何者であるのか、どのような働きをしてきたのか、これらは、教会員が証ししてくれる」と言うのです。パウロの使命は伝道することです。キリストの福音を喜びとする教会員がいて、パウロは生きられるのです。そしてこの教会員に背かれる。単に仲が悪いのではありません。教会は異なる福音に奪われてしまったのです。パウロの悲しみ、怒り、口惜しさ、無力感、どれほどのものであったかと思います。大きな挫折を経験したのです。

パウロはこの後、手紙を書きます。自分の心を訴え、コリントの人々へ福音への立ち帰りを求める切々とした手紙です。パウロが涙ながらに書いたというので「涙の書簡」と呼ばれています。現在の第二コリント、10章から13章までが、「涙の書簡」であると考えられています。まとめの部分を読んでみます。パウロの気持ちが良く表れているところです。

**わたしたちは自分が弱くても、あなたがたが強ければ喜びます。あなたがたが完全な者になることをも、わたしたちは祈っています。遠くにいてこのようなことを書き送るのは、わたしがそちらに行ったとき、壊すためではなく造り上げるために主がお与えくださった権威によって、厳しい態度をとらなくても済むようにするためです。**

**終わりに、兄弟たち、喜びなさい。完全な者になりなさい。励まし合いなさい。思いを一つにしなさい。平和を保ちなさい。そうすれば、愛と平和の神があなたがたと共にいてくださいます。**
**（Ⅱコリント13・9―11）**

福音によって、強くあってほしいのです。手紙の中では厳しいことを語りました。わたしパウロがそちらに行く前に、この言葉を受け止めてほしい。もう一度、健全な信仰を取り戻してほしいのです。最後は、キリストに心を合わせ、教会が一致することを勧めるものです。「主にあってひとつとなりなさい。平和を保ちなさい」、これを語る。心の願いを語って手紙を終えるのです。

そして、パウロの願いは実現します。パウロはテトスというひとりの弟子をコリントに遣わします。彼がパウロの心を伝えます。教会員の気持ちを聞き、もう一度福音を語ったでしょう。涙の手紙と共にテトスの働きによって、コリント教会は福音に立ち帰ります。本来の姿を取り戻すことができるのです。コリントの教会が福音に立ち帰ったことを知り、パウロは手紙を書きます。その一節を読みましょう。第二コリント7章8節以下です。

**あの手紙によってあなたがたを悲しませたとしても、わたしは後悔しません。確かに、あの手紙が一時《いっとき》にもせよ、あなたがたを悲しませたことは知っています。たとえ後悔したとしても、今は喜んでいます。あなたがたがただ悲しんだからではなく、悲しんで悔い改めたからです。あなた**

がたが悲しんだのは神の御心に適ったことなので、わたしたちからは何の害も受けずに済みました。**神の御心に適った悲しみは、取り消されることのない救いに通じる悔い改めを生じさせ、世の悲しみは死をもたらします。**（7・8―10）

「あの手紙」とは、「涙の書簡」のことです。厳しいことを書きました。教会も傷つきました。しかしそこから悔い改めが生まれ、教会は福音信仰に立ち帰ることができました。パウロはこれを喜んでいるのです。教会の救いを喜んでいるのです。

詩編に帰りましょう。信仰の教師は語ります。

**主は人の一歩一歩を定め**
**御旨にかなう道を備えてくださる。**
**人は倒れても、打ち捨てられるのではない。**
**主がその手をとらえていてくださる。**（23―24）

パウロは倒れたのです。心血を注いだ教会から背かれました。激しく打ちのめされたのです。しかし、主はその手をとらえてくださっていた。文字通り一歩一歩です。エフェソで投獄される日々がありました。教会を訪ねては拒否される。「涙の書簡」を書く。パウロにとっては辛い日々。遅々とした歩みです。しかしその一歩一歩が御旨に適う道です。この道を歩んでついにコリント教会は、主の教会として立ち上がることができた。新しく立ち上がることができた。伝道者パウロに大きな喜びが与えられたのです。

人生に特効薬はないでしょう。神さまを信じて努力を続けても、私たちは道に倒れることがあります。しかしそこから起き上がって、最善を尽くすのです。復活のキリストが、あなたの手をとらえています。このお方が、私たちの小さな努力を導いて必ず、豊かな喜びの地平へと導いてくださいます。

祈り

父なる神さま。道に倒れる私たちです。善を願っていても、努力を費やしても、失敗することがあります。空しさを覚えます。絶望を感じて、孤独になるのです。しかしあなたは、そういう私たちをつかんで、助けてくださる方です。主キリストが復活し、今生きて働いていることを覚える者とさせてください。主イエスが必ず、倒れ込んでいる私の現実の中に救いの道を造ってくださいます。このことを信頼して、なお善を志し、正しい歩みに励む私たちとさせてください。

主イエス・キリストの御名によって祈ります。アーメン。

# 第42・43編　Ⅰ（42・1―7）　神を待ち望め

42編と43編は、本来一つの詩であったと考えられています。歴史的な経緯の中で二つに分かれました。そこで本書は、42編と43編を、一つのものとして読んでいきたいと思います。

全体は三連の構成になっています。42編2節から7節前半までが第一連。7節後半から12節までが第二連。43編の1節から5節までが第三連です。それぞれの終わりには同じ言葉が語られます。

**なぜうなだれるのか、わたしの魂よ**
**なぜ呻《うめ》くのか。**
**神を待ち望め。**
**わたしはなお、告白しよう**
**「御顔こそ、わたしの救い」と。**

**わたしの神よ。**（42・6―7、12、43・5）

各連の終わりに、「合いの手」のようにこの言葉が繰り返されます。そして三連の詩がひとつに結ばれていくわけです。

42編、43編は、教会にとっても、なじみの深いものです。「涸れた谷に鹿が水を求めるように」。賛美歌にもなっています（『讃美歌21』131番）。一連ごとにゆっくりと学んでいきたいと思います。

はじめは第一連。2節から7節前半までです。

詩人はかつて、エルサレム神殿で務めをしていました。しかし今彼がいるのは、エルサレムではありません。7節の後半では次のように語られています。「ヨルダンの地から、ヘルモンとミザルの山から」。ヨルダンの地、ヘルモンとミザルの山。都から見ればこの地方は、「北の果て」です。

冒頭の1節には「指揮者によって。マスキール。コラの子の詩」と書いてあります。ここから本編の背景をたどることができると言います。

コラについて詳細な記述があるのは、民数記16章です。コラはレビ族の者です。レビ族の中で一門を率いるリーダーでした。ある日コラは、イスラエルの有力な指導者二百五十名を仲間に入れ、モーセに反旗を翻します。民数記16章3節の言葉を読みましょう。コラの主張が述べられています。

**あなたたちは分を越えている。共同体全体、彼ら全員が聖なる者であって、主がその中におられるのに、なぜ、あなたたちは主の会衆の上に立とうとするのか。**

モーセとアロンの支配に対する抵抗運動の始まりです。抵抗する理由は、アロンが祭司職を独占していたことにあります。「あなたたちは分を越えている」。神から託された権威を越えて祭司職を独占し民の上に君臨している、というわけです。コラの主張を聞いたモーセは次のように答えました。

**コラとその仲間はすべて香炉を用意し、それに炭火を入れ、香をたいて、明日、主の御前に出なさい。そのとき主のお選びになる者が聖なる者なのだ。レビの子らよ、分を越えているのはあなたたちだ。（民数記16・6―7）**

モーセの姿勢は完全対決です。次の日になってコラと二百五十名の仲間たちは、モーセとアロンのいる臨在の幕屋の前にやって来ます。神はコラと二百五十名の者たちに対して怒りを現しました。彼らの立っていた地面は割れ、生きたまま陰府《よみ》へ落ちて行ってしまいます。コラと仲間は全員死に、企てた抗議運動は失敗に終わりました。

研究者はこれら一連の出来事に、第二神殿時代に起きたであろう権力闘争の反映を考えます。第二神殿時代はアロン系の祭司が祭司職を独占していました。これに対してコラ一門が異議を唱えた。大祭司の家に逆らうわけですから、クーデターに近かったのかもしれません。いずれにしても厳しい権力闘争があったのでしょう。そしてこの末にコラ一門は破れました。神殿を追放されてしまった。以上のように考えるのです。

本編に戻りましょう。詩人は、コラ一門のひとりであったと考えることができます。そして、追われたのです。都を追放されて北の果てに所払いとなった……。

**涸れた谷に鹿が水を求めるように**
**神よ、わたしの魂はあなたを求める。**
**神に、命の神に、わたしの魂は渇く。**
**いつ御前に出て　神の御顔を仰ぐことができるのか。**（2―3）

詩人がどのような立場にいたのか、事件の顚末がどのようなものであったのか、詳しいことはわかりません。けれども彼は、今、追放された辺境の地で、助けを求めているのではありません。罠を仕掛ける敵から救い出されること。厳しい病から癒されること。これを望んでいるのではない。詩人は、神を望んでいるのです。神さまご自身を求めているのです。

詩人がかつて、神殿の務めをしていた人であれば、この気持ちは良くわかります。祭司やレビ人、彼らから神殿が取り上げられてしまったら、あとは何も残りません。たとえてみれば、絵筆を取り上げられた絵描き、ピアノを取り上げられたピアニスト、ボールを取り上げられたサッカー選手です。いいえ。祭司やレビ人だけではない。およそ、神を信じる者から神殿が取り上げられたら、何をどうしたらよいのか、わからなくなります。自分の立っている生きる土台が、なくなってしまうのです。

**昼も夜も、わたしの糧は涙ばかり。**
**人は絶え間なく言う**
**「お前の神はどこにいる」と。**（4）

乾季に鹿が水を求めて川にやって来ます。ところがその川は、日照り続きで干からびている有様。鹿は悲しく「ケーン、ケーン」と鳴き声をあげると言います。

詩人は自分を、水を求めてさまよう鹿にたとえています。神という命の水が欲しいのです。これがないと生きていけない。しかし見いだせない。

**わたしは魂を注ぎ出し、思い起こす**
**喜び歌い感謝をささげる声の中を　祭りに集う人の群れと共に進み**
**神の家に入り、ひれ伏したことを。**（5）

かつての日々です。神殿の様子です。祭りになれば全国から巡礼団がやって来ます。彼らを迎えて礼拝をささげる。それが彼の喜びでした。生きがいだったのです。しかし今は追放の地。ここから、祭りの日を思い出します。神さまの前に命が湧きたった喜びの日々を思い出す。そして彼は、自分自身に呼びかけるのです。

**なぜ呻くのか。**
**神を待ち望め。**
**わたしはなお、告白しよう**
**「御顔こそ、わたしの救い」と。**
**わたしの神よ。**

詩人は思い出しました。神殿で神に仕える喜びの日々を思い出した。それは、神さまに覚えられ、愛されていた日々です。そしてこれを思い出したとき、くずおれる自分自身に言葉をかけたのです。

**なぜ呻くのか。**
**神を待ち望め。**

主に仕えた日々は偽りではない。「あの日私を顧みてくださった神さまが今、私を捨てるはずがないではないか」だから、「神を待ち望もう」。このように、自分自身に言葉をかけるのです。

今日の神殿は教会です。普通に考えれば、教会から追放されることはありません。けれども、教会へ行くことができなくなることはあります。

教会に一人の青年がおります。就職をしました。日曜日が勤務の日になってしまったのです。しばらくは、礼拝に来ることができません。クリスマスイブの日を迎えました。夜の七時から礼拝をささげます。彼はイブ礼拝にやって来ました。仕事を終えて、遅れて、それでもやって来ました。礼拝をささげて、キャロリングをします。それが終わって軽食を食べて。彼はプログラムに参加して教会の仲間たちと楽しそうに話をしていました。後片付けが終わって、時間は十一時近くになっていました。彼がいちばん最後に帰りました。その姿は、教会にいる時間を惜しむように見えました。逞しい青年です。けれども私は、まるで子どもの姿を見るように、「あぁ、教会に来たいのだな」と思いました。

職務のために教会へ行けないのなら、まだ良いのかもしれません。人とのいさかいがあって、教会へ行けなくなってしまうこともあります。牧師や役員から心ないことを言われる。あるいは、信頼していた人と厳しく争ってしまう。教会は共に祈るところです。裸の心を見せ合うことになるのです。神さまを信じる裸の心を見せて心なく振る舞われたら、人の心は傷つきます。場合によると、教会が怖いところに変わってしまうのです。福音そのものに失望することさえ起こるでしょう。

しかし傷ついた思いの中でも神さまを慕う心はあります。ここで、恵みを思い出すのです。礼拝の喜びを知っています。福音の言葉を聴いて、心の目が開かれた。確かな安心が与えられました。教会に宿っている喜び一つ一つを思い出す。ここから、神さまの愛を受け取り直すのです。

昨日あなたを愛した神さまが、今日あなたを捨てることはありません。教会では人を見たらつまずきます。教会は人を見るのではなく、神さまを仰ぐところです。主の前に皆が、心の身の丈を低くするところです。福音を思い出して、謙遜になって、もう一度神さまを信頼するのです。

**なぜ呻くのか。**

**神を待ち望め。**

神さまを求める渇きがあるのなら、それは神さまがあなたを愛しているしるしです。これを大切にしましょう。恵みを思い出すのです。祈りを厚くして、神さまを待ち望みましょう。ここから、道は開かれます。神さまがあなたを捨てることは、ないのです。

祈り

父なる神さま。普通の信仰生活ができなくなるときがあります。安心の教会が、不安と恐れの場に変わってしまうことがあります。しかし、それで信仰が終わるわけではありません。あなたの愛が尽きたわけではありません。このようなときこそ、恵みを思い出すことができますように。独り子を十字架に与える、あなたの心を受け止めさせてください。そして一人一人にとって、進むべきふさわしい道を備えてください。私たちはあなたがたよりです。主が命の源です。私たち一人一人の祈りを聴き、最善の道を開いてください。

主イエス・キリストの御名によって祈ります。アーメン。

# 第42・43編　Ⅱ（42・7―12）主の歌がわたしと共に

詩人はかつて、神殿で務めをしていました。権力闘争があったのでしょう。罠を仕掛けられたのかもしれません。いずれにしても詩人は、追放の身の上となりました。以前は都の神殿で務めをしていた。指導的な立場の一人であったでしょう。しかし今いるのは北の果て。祭りの日にはたくさんの巡礼団がやって来るのです。神殿は信仰の喜びにあふれていた。そこで務めをすることが幸せでした。ところが今は、ヘルモン山から涼しい風が吹いてきます。数えきれない人々が祈りをささげていました。境内の隅々にまで祈りは満ちていた。今聞こえるのは、鳥の鳴き声です。大自然は美しい。しかし自分の心は、あまりにも空しかった。この中で詩人は、神を思うのです。

**わたしの魂はうなだれて、あなたを思い起こす。**
**ヨルダンの地から、ヘルモンとミザルの山から**

**あなたの注ぐ激流のとどろきにこたえて**
**深淵は深淵に呼ばわり**
**砕け散るあなたの波はわたしを越えて行く。**（42・7―8）

ヨルダン川の上流です。激流は深い滝壺へと流れ落ちて砕けていく。激しい川の流れに自分の身の上が重なります。神の起こした試練という激流が、我が身を飲み込んでいくのです。

厳しい試練に遭うとき、人は普段見ないものを見ることがあります。深い孤独を見るのです。当たり前に暮らしていた日常生活は遠のきます。人の親切、笑顔、関わり。色を失って過去のものになっていく。人々の営みは目の前にあるのですが、自分ひとりが地上にいるのです。誰とも関わらない。関わりようがありません。そして明日、自分がどこにいるのかわからない。なぜ命を受けて生きているのかもわからない。動かすことができない孤独な自分自身と向き合うのです。

詩人は、激流に翻弄される木の葉のようであったかもしれません。クルクルと水の上を漂い流されていく。自分の力ではどうすることもできない。しかし彼は、それだけではありませんでした。現実は厳しく、身は孤独。しかし、一筋の光があるのです。

**昼、主は命じて慈しみをわたしに送り**
**夜、主の歌がわたしと共にある　わたしの命の神への祈りが。**（9）

「昼、主は命じて慈しみをわたしに送る」、詩人の心は塞がれています。しかし、フッと、気付くのです。「それでも生きている」いいえ。「生かされている」ことに気が付くのです。やがて一日が暮れていきます。

**夜、主の歌がわたしと共にある　わたしの命の神への祈りが。**

生産的なことなどできません。暗い心のまま一日が過ぎていきます。しかし、夜には歌がある。神にささげる祈りがあるのです。

試練の中にいます。深い孤独の中にいるのです。そして人は、失意と孤独の中で新しく祈りを知る。神さまと深く交わることが起きるのです。新約聖書を開きましょう。使徒言行録16章19節以下の言葉です。場所はフィリピの町です。霊に憑かれて占いをする女がいました。しつこく付きまとうので、パウロは霊に退散を命じます。霊はただちに去り、女は普通の人に戻りました。女を使って金儲けをしていた主人たちは怒ります。

**この女の主人たちは、金もうけの望みがなくなってしまったことを知り、パウロとシラスを捕らえ、役人に引き渡すために広場へ引き立てて行った。そして、二人を高官たちに引き渡してこう言った。「この者たちはユダヤ人で、わたしたちの町を混乱させております。ローマ帝国の市**

民であるわたしたちが受け入れることも、実行することも許されない風習を宣伝しております。」群衆も一緒になって二人を責め立てたので、高官たちは二人の衣服をはぎ取り、「鞭《むち》で打て」と命じた。そして、何度も鞭で打ってから二人を牢に投げ込み、看守に厳重に見張るように命じた。この命令を受けた看守は、二人をいちばん奥の牢に入れて、足には木の足枷《あしかせ》をはめておいた。

真夜中ごろ、パウロとシラスが賛美の歌をうたって神に祈っていると、ほかの囚人たちはこれに聞き入っていた。（使徒16・19—25）

主人たちはパウロとシラスを捕らえて高官たちに引き渡します。高官たちは取り調べをすることもなく、パウロとシラスに鞭を打ち、牢の奥の部屋に監禁しました。

私たちがパウロやシラスの立場であったらどうでしょう。福音を宣べ伝えてその結果、鞭を打たれ、牢へ投げ込まれる。神さまに文句を言うかもしれません。少なくとも、伝道する情熱は萎えると思います。私は、パウロとシラスも同様であったと思います。理不尽な扱いを受けています。迫害に遭っても元気一杯ということではないと思う。彼らも、悲しく挫ける心があったでしょう。足には足枷をはめられ、牢の奥に監禁される。しかしこの現実の中で彼らには希望が湧いてくるのです。無力さの中でどん底に立つとき、ただ神にのみ依り頼む、聖なる喜びが湧いてくる。そして彼らは祈ります。熱心な祈りはいつの間にか、賛美の歌に変わるのです。

周りにいる囚人たちは、「これに聞き入っていた」と言います。周りにいるのは悪事を働いた者たちです。明日どのような裁きが下るのかわかりません。荒れた心があったでしょう。自暴自棄になってもおかしくありません。そのような者たちが、真夜中の賛美に聞き入っていた。ただの歌ではありません。賛美によってパウロとシラスは、神と結ばれます。賛美が天地をつなぐ救いの糸のようになって、まっすぐに通っているのです。

詩人はうたいます。

**夜、主の歌がわたしと共にある　わたしの命の神への祈りが。**

具体的な状況は変わっていません。しかし、「わたしには祈りがあった。神にささげる祈りがある」。そして神さまは、この祈りを受け入れてくださる方です。

**わたしの岩、わたしの神に言おう。**
**「なぜ、わたしをお忘れになったのか。**
**なぜ、わたしは敵に虐げられ　嘆きつつ歩くのか。」**
**わたしを苦しめる者はわたしの骨を砕き**
**絶え間なく嘲って言う**
**「お前の神はどこにいる」と。**（10―11）

詩人は何もない貧しさの底で祈る。このとき知るのです。「裸の自分を神さまは愛している」、この事実を知る。これが詩人の力です。彼は神さまに愛されている信頼の中で、言わば安心して嘆く。

**なぜうなだれるのか、わたしの魂よ**
**なぜ呻《うめ》くのか。**
**神を待ち望め。**
**わたしはなお、告白しよう**
**「御顔こそ、わたしの救い」と。**
**わたしの神よ。**

理不尽な思いを味わうことがあります。努力をして、心を砕いて、損得抜きで働いて、恨まれることがあります。単純に、普通に暮らしていて嫌われることがあるのです。このようなとき私たちはどこを向くのでしょう。当然現実を見ます。そして、自分自身の心の中を覗くでしょう。「何が悪かったのか」「なぜこうなるのか」考えてみる。分析して、検証して、答えを出そうとするのです。けれども、答えなど出ません。一生懸命頑張って、嫌われて、答えなど出ない。だから理不尽なのです。そして嫌気がさします。「人生こんなものか」と思う。しかし、信仰があるというのは、ここから先が違うのです。確かに嫌気はさす、ため息はつくのです。けれどもこの中で心の目は、天に向かうのです。惨めさの中で、動かすことのできない現実の中で、しかし心の目は天に向かう。不思議です。どん底の中で心は天に向かって爽やかになります。パウロのように、シラスのように、詩人のようにです。そして私たちも祈る。涙を流しながら、しかし軽やかな心で祈り、賛美の歌を歌うのです。

詩人はひとりで祈りをささげました。しかしパウロとシラスは、二人でした。共に祈る仲間、励まし、励まされる相棒がいた。激しい試練の中で人は孤独になります。そして神に祈る。このとき、私たちは覚えたいのです。私たちはひとりで祈るのではありません。道に迷っているあなた。打ちのめされているあなた。空しさを拭い切れないあなたの傍らに、キリストがおられるのです。このお方が人生の同伴者となって、あなたを励まし、神への祈りを引き出してくださいます。試練の中で神を思うとき、主キリストがあなたの隣にいることを知ってください。尊いお方があなたを愛して、味方として隣にいるのです。ここから現実が変わります。神さまへ祈りをささげ、明日を望むことができるようになります。主が隣にいることを知るとき、既に絶望は克服されているのです。そこで私たちも希望を持つことができます。

## なぜうなだれるのか、わたしの魂よ

**なぜ呻くのか。**
**神を待ち望め。**
**わたしはなお、告白しよう**
**「御顔こそ、わたしの救い」と。**
**わたしの神よ。**

祈り

父なる神さま。試練のどん底にうずくまる日があります。この世の現実は色を失い、世に一人取り残されます。しかし、その傍らにこそ、主キリストがおられます。自分の心を見つめる目を、主に向けることができますように。キリストに励まされ、押し出されて、祈る者とさせてください。ここから力をいただき、主と共に明日を望み、今日を生きる、私たちとさせてください。

主イエス・キリストの御名によって祈ります。アーメン。

# 第42・43編　Ⅲ（43）　御顔こそ、わたしの救い

詩人は、エルサレム神殿で勤めをしていました。たくさんの人々が集まります。全国から巡礼団がやって来ます。ユダヤ人だけではありません。改宗した異邦人もいる。神殿。そこは、神と人が出会う祈りの家です。この家で、神に仕え、人々を導く。これが詩人の勤めでした。ここに、彼の喜びがありました。命の輝きがあったのです。ところが、争いが起きました。この結果、彼は追放になってしまいます。罠にはめられたのか、巻き添えになったのか、いずれにしても納得できるものではなかった。理不尽な結果です。そして彼は祈ります。神さまに、自分を虐げる敵たちへの裁きを求めて祈るのです。第三連、43編1節の言葉です。

**神よ、あなたの裁きを望みます。**
**わたしに代わって争ってください。**

**あなたの慈しみを知らぬ民、欺《あざむ》く者　よこしまな者から救ってください。**

詩人は神の裁きを求めています。私怨を晴らしたいのではありません。神さまの「正しい裁き」を求めているのです。詩人は神殿に仕える者でした。彼を追放した側も、神殿に仕える者たちです。しかし彼らは、「神の慈しみを知らず、欺く者、よこしまな者たち」であった。正しい裁きが臨んで、偽りが暴かれることを願う。敵たちから救い出されることを求めているのです。

神の裁きが臨むこと。敵たちから救い出されること。大きな願いです。しかし、中心ではありません。詩人には、もっと根本的な問題があります。2節の言葉です。

**あなたはわたしの神、わたしの砦《とりで》。**
**なぜ、わたしを見放されたのか。**
**なぜ、わたしは敵に虐げられ　嘆きつつ行き来するのか。**

詩人にとっての一番の問題は、「神はなぜ、わたしを見放されたのか」このことです。世に試練はあります。罠にはめられることも、敵たちに虐げられることもあるでしょう。この中で助けを求めるのです。しかし、応えてはくださらない。「敵たちの中に、試練の中に、私は打ち捨てられている」。詩人にとって根本的な問題は、神さまが応えてくれないことです。根本的な問題は、理不尽な現実でも、敵たちに虐げられることでもない。神が、応えてくれないことです。

あなたはわたしの神、わたしの砦。
なぜ、わたしを見放されたのか。
なぜ、わたしは敵に虐げられ　嘆きつつ行き来するのか。

理由のわからない苦しみが襲います。そして、神は応えてはくださらない。ここに詩人の苦悩があります。

あなたの光とまことを遣わしてください。
彼らはわたしを導き
聖なる山、あなたのいますところに　わたしを伴ってくれるでしょう。
神の祭壇にわたしは近づき
わたしの神を喜び祝い
琴を奏でて感謝の歌をうたいます。
神よ、わたしの神よ。（3―4）

「あなたの光とまことを遣わしてください」。闇を照らす光。神さまの愛と正義です。そして「まこと」。永遠に変わることのない真実です。「御許《みもと》から、神さまの愛と正義、そして永遠に変わることのない真実を遣わしてください」こう祈る。「聖なる山」とはエルサレム神殿のことです。「神さまの愛と正義、そして真実がやって来るのなら、わたしは救われ、再び神殿に立つことができる。神さまを喜び祝い、感謝の歌をささげ、もう一度御前に立つことができる」。詩人はこう祈るのです。

神さまを信じるとき、私たちは必ず葛藤を抱きます。信じている神さまがピンチのときに応えてくれればいいのです。しかし、必ずしもそうはいきません。重い、神の沈黙に出会うことがあるのです。聖書は、「神は愛である」と言います。「神さまはあなたを放さない」「祈りは聴かれる」と告げるのです。ところが現実は変わらない。「神は共にいてくださる」との確信を持つことができなくなります。段々と聖書のメッセージが聴こえなくなるのです。祈りにも力が入らない。神さまに対する実感はなくなるでしょう。そしてついに、信じていても、信じていなくても、同じように思えてくる。信仰さえも空しく感じてしまうのです。

では、神さまはもうどうでもいいかというと、そうではありません。「神の沈黙に出会って苦しむ」。信じているから苦しむのです。神さまの愛を知って、信頼する。しかし応えられない。信じているから、希望を持っているから、神の沈黙を前にして苦しみを抱くのです。

葛藤を抱く。信仰の葛藤を抱くとき、私たちはどこを見ているのでしょう。あまりにも、自分自身を見ていることはないでしょうか。「信じている」「祈っている」、「しかし、現実は変わらないのだ」。

膠着《こうちゃく》した現実。そして、自分自身の心ばかりを見ている。

詩人は、自らを鹿にたとえました。

**涸れた谷に鹿が水を求めるように**
**神よ、わたしの魂はあなたを求める。**
**神に、命の神に、わたしの魂は渇く。**（42・2―3）

厳しい現実の中で、神を見失って渇くのです。「ケーン、ケーン」水を得られない鹿が悲しい鳴き声を上げるように、心の叫びをあげる。現実は変わらない。己の心を見つめて嘆く。しかし、これで終わりません。このような私たちに、神は語り掛けるのです。神さまが、神と人が出会う場所を示してくださいます。新約聖書を開きましょう。マルコによる福音書15章36節以下です。

**ある者が走り寄り、海綿に酸いぶどう酒を含ませて葦の棒に付け、「待て、エリヤが彼を降ろしに来るかどうか、見ていよう」と言いながら、イエスに飲ませようとした。しかし、イエスは大声を出して息を引き取られた。すると、神殿の垂れ幕が上から下まで真っ二つに裂けた。百人隊長がイエスの方を向いて、そばに立っていた。そして、イエスがこのように息を引き取られたのを見て、「本当に、この人は神の子だった」と言った。**（マルコ15・36―39）

十字架について主イエスが息を引き取ります。人々は罵ったのです。「神殿を打ち倒し、三日で建てる者、十字架から降りて自分を救ってみろ」「他人は救ったのに、自分は救えない。メシア、イスラエルの王、今すぐ十字架から降りるがいい。それを見たら、信じてやろう」。そして主イエスは十字架につきました。誰をも恨まず、誰をも呪わず、黙って死んでいった。そしてこの有様を見て、ローマの百人隊長は震撼したのです。教えられたのです。「ナザレのイエスはただの人ではない。このお方こそ、神の子だ」。

私たちの信仰は揺れるのです。幸いなことが続けば、神さまに愛されているように思えるかもしれません。試練が募って、いくら祈っても解決の道が見つからなければ、私たちは神さまを見失って葛藤を抱きます。そしてこういう私たちに、神の言葉である聖書が語り掛けるのです。「私たちは神と出会うことができる。十字架にかかったイエスこそが、生ける神の現れだ」。マルコと共にヨハネのメッセージを聴きましょう。

**神は、その独り子をお与えになったほどに、世を愛された。独り子を信じる者が一人も滅びないで、永遠の命を得るためである。**（ヨハネ３・16）

「どこかに」ではなくて、「心の中」でさえなくて、私たちは確かに神と出会う場所がある。神さまが私たちのために用意した場所。それが、十字架のイエスです。このお方を仰ぐとき、私の現実が楽しかろうと、辛かろうと、神が愛であることを知るのです。主イエスが復活したのですから、主は、今、私に働いていることを知ることができるのです。詩人は祈りました。

**あなたの光とまことを遣わしてください。**

**彼らはわたしを導き**

**聖なる山、あなたのいますところに　わたしを伴ってくれるでしょう。**

光とまこととは、世に来ました。キリストが世に来てくださったのです。そして私たちは十字架を仰いで、ナザレのイエスこそが、神の子キリストであることを知るのです。神は愛であって、私を捨てることなく、見えない御手をもって今も働いていることを知ることができるのです。

なおひとつ、大切なことを申します。キリスト信仰は、独りで信じるものではありません。もちろん、「主の前に一人立つ」ということはあります。内面深く、一対一で神と交わるということは当然あります。また、様々な事情で、現在教会から離れているという人もいるでしょう。その信仰はダメだというのではない。人は、ひとりでは生きていけません。家庭、友達、一般社会、人との関係の中で生きていきます。信仰生活も同じなのです。私たちには、互いに信仰の仲間が必要なのです。独りで信じていると、信仰は観念的になっていきます。心の世界で終わってしまう。あるいは、自分を中心とした信仰になってしまうでしょう。これに対して、仲間と共に信じるのです。信仰共同体の中で信じると、信仰は生活の中で具体化していきます。一例を申します。「教会は日曜日の午前中礼拝をささげます」。そうであれば、私は日曜日の午前中教会へ行くのです。私の人生の中で、信仰が具体的な時間と場所を持つことになります。信仰が心の中だけではなくて、私の生活を変えていくわけです。さらに重要なことがあります。私たちは、共に信仰生活を送る他者を通して、キリストと出会うのです。

青年時代のことです。父が亡くなりました。脳溢血で倒れて一週間入院して亡くなりました。土曜日に亡くなったのです。私は次の日曜日、いつものように教会へ行きました。教会の人たちは、私の父親が倒れたことは知っています。けれども亡くなったことは、限られた人しか知りません。玄関でひとりの役員と行き会いました。七十年配の男性です。私は気持ちが塞がれて、挨拶ができませんでした。顔を伏せて通り過ぎてしまった。そうしたらその人が、後ろから力強く声をかけるのです。「お父さん、どうお?」。私は一言「亡くなりました」と言いました。そうしたらその人は「あーっ」とため息をついた。

「お父さん、どうお?」私はこの声が今でも耳に残っています。それは、弱い者、小さい者を守る声です。その人は、祈ってくれていたのです。私と父親のために。信仰を学ぶ、キリストを知る、こういうことの積み重ねです。信仰の暮らしを続けていく。煩わしいことが起こります。人とぶつかることもあるのです。しかし、人の優しさを知ります。背後にある、キリストの愛を知るのです。信仰の暮らしを共にする中で私たちは、十字架で死んで復活を遂げたキリストと、出会っていくのです。

詩人は、繰り返して自分自身を励ましています。

**なぜうなだれるのか、わたしの魂よ**
**なぜ呻くのか。**
**神を待ち望め。**
**わたしはなお、告白しよう**
**「御顔こそ、わたしの救い」と。**
**わたしの神よ。**

ときに、神さまが見えなくなります。わからなくなるのです。しかし、主キリストは今、私たちの間に生きて働いています。だから私たちは互いに励まし合うのです。

なぜ呻くのか。
神を待ち望め。
わたしはなお、告白しよう

「キリストこそ、わたしたちの救い」と。

祈り

父なる神さま。あなたに愛され、導かれている私たちです。けれども、なお世の戦いは厳しく、時にあなたを見失うことがあります。しかしこの現実の中で、主キリストは生きています。私たちの罪を赦し、死と絶望を打ち破ったお方は、生きて働いています。主キリストを仰いで、互いに励まし合い、教え合う私たちとならせてください。そしてひとりの主を救い主と仰ぎ、それぞれの人生の馳せ場を、希望と勇気を持って進む、私たちとならせてください。
主イエス・キリストの御名によって祈ります。アーメン。

# 第44編　神を待つ者

第44編は、「救いを求めるイスラエルの祈り」です。十重《とえ》二十重《はたえ》と波のように繰り返して敵が攻めて来ます。国は破れ荒廃を極める。惨めな有様をさらします。近隣諸国はこれを見て嘲笑う。この現実の中で、神さまの助けを求めて祈るのです。

詩編の中で救いを求めて祈る祈りは、幾つもあります。この内でも44編はとても個性的です。44編しか持っていないものがあるのです。きわめて個性的で44編しか持っていないもの、それは、神さまの前で信仰の正しさを語ることです。「罪を犯しました。不信仰でした。悔い改めます。だから助けてください」こうではありません。詩人は明確に語るのです。

**我らの心はあなたを裏切らず**
**あなたの道をそれて歩もうとはしませんでした。**（19）

「神さまの前に正しく歩んで来た。御心に背くことはなかった」と明確に語るのです。現実は厳しいものです。敵たちに攻められ国家存亡の危機に立っています。そしてこの中で、詩人はどこまでも信仰に立ちます。心を天に向けて祈るのです。

**主よ、奮い立ってください。**
**なぜ、眠っておられるのですか。**
**永久に我らを突き放しておくことなく**
**目覚めてください。**(24)

神の前に信仰の正しさを語り、どこまでも救いを求める祈り。これが44編。詩編の中でも異彩を放つものです。冒頭から見ていきましょう。2節からです。

**神よ、我らはこの耳で聞いています**
**先祖が我らに語り伝えたことを**
**先祖の時代、いにしえの日に　あなたが成し遂げられた御業を。**
**我らの先祖を植え付けるために　御手をもって国々の領土を取り上げ**
**その枝が伸びるために　国々の民を災いに落としたのはあなたでした。**
**先祖が自分の剣《つるぎ》によって領土を取ったのでも**

**自分の腕の力によって勝利を得たのでもなく**
**あなたの右の御手、あなたの御腕**
**あなたの御顔の光によるものでした。**
**これがあなたのお望みでした。**（2—4）

エジプト脱出からカナン侵攻に至る民族の歴史です。神はモーセを用いて民をエジプトから救い出しました。荒野の四十年を経てカナンの大地へ入ります。ヨルダン川の西側には、ヘト人、アモリ人、カナン人、ペリジ人、ヒビ人、エブス人、先住民族がいました。指導者はモーセに代わってヨシュアです。

**「うろたえてはならない。おののいてはならない。あなたがどこに行ってもあなたの神、主は共にいる。」**（ヨシュア記1・9）

御言葉をいただいてヨシュアは民を導きます。幾多の戦いを経て、カナンの大地を攻め取っていく。

詩人は、これら一つ一つが、「神の業だ」と言う。

**先祖が自分の剣によって領土を取ったのでも**
**自分の腕の力によって勝利を得たのでもなく**
**あなたの右の御手、あなたの御腕**

あなたの御顔の光によるものでした。
主の御業を賛美します。神の栄光をほめたたえる。そして信頼をささげて、現在に対する救いを求めるのです。

**神よ、あなたこそわたしの王。**
**ヤコブが勝利を得るように定めてください。**
**あなたに頼って敵を攻め**
**我らに立ち向かう者を　御名に頼って踏みにじらせてください。**
**わたしが依り頼むのは自分の弓ではありません。**
**自分の剣によって勝利を得ようともしていません。**
**我らを敵に勝たせ**
**我らを憎む者を恥に落とすのは、あなたです。**（5—8）

国を敵から守り、「ヤコブが勝利を得るように」すなわち、イスラエルに勝利を与えてくださいと祈る。先祖に与えられた恵みを土台として、信頼をもって祈るのです。しかし、現実は辛いものです。神の救いは、未だ与えられていないのです。

しかし、あなたは我らを見放されました。
我らを辱めに遭わせ、もはや共に出陣なさらず
我らが敵から敗走するままになさったので
我らを憎む者は略奪をほしいままにしたのです。
あなたは我らを食い尽くされる羊として
国々の中に散らされました。
御自分の民を、僅かの値《ね》で売り渡し
その価を高くしようともなさいませんでした。
我らを隣の国々の嘲りの的とし
周囲の民が嘲笑い、そしるにまかせ
我らを国々の嘲りの歌とし
多くの民が頭を振って侮るにまかせられました。
辱めは絶えることなくわたしの前にあり
わたしの顔は恥に覆われています。
嘲る声、ののしる声がします。

**報復しようとする敵がいます。**（10—17）

都が、攻め落とされました。

**我らが敵から敗走するままになさったので**

**我らを憎む者は略奪をほしいままにしたのです。**

味方は散り散りとなった。その有様は、「我らを食い尽くされる羊として」とあります。四肢は解体され、肉は焼かれて食べつくされた。後には、骨の山が残るのです。兵士は傷を負って逃げ出しました。将軍は空しく倒れ、敵に首を取られる。敵たちは町に入ります。逃げきれない年寄りを殺し、女性を犯し、子どもたちをさらって行った。人と物、略奪をほしいままにしていったのです。そしてこのような現実の中で、神の前に信仰の潔白を語るのです。

**これらのことがすべてふりかかっても**

**なお、我らは決してあなたを忘れることなく**

**あなたとの契約をむなしいものとせず**

**我らの心はあなたを裏切らず**

**あなたの道をそれて歩もうとはしませんでした。**（18—19）

詩人は民の指導者です。信仰を守り抜く者たちと共に、神の前に確固とした心を語る。述べられている「契約」とは、神が与えた救いの約束です。現実は悲惨であっても、神さまが与えた約束を信じ抜いてきた。御心に背くことはせず、信仰の道をまっすぐに歩み通してきたと言う。そして彼は、叫ぶように祈るのです。

**主よ、奮い立ってください。**
**なぜ、眠っておられるのですか。**
**永久に我らを突き放しておくことなく**
**目覚めてください。**
**なぜ、御顔を隠しておられるのですか。**
**我らが貧しく、虐げられていることを　忘れてしまわれたのですか。**
**我らの魂は塵に伏し**
**腹は地に着いたままです。**
**立ち上がって、我らをお助けください。**
**我らを贖い、あなたの慈しみを表してください。**（24―27）

「神さま、眠りから覚めてください。あなたが立ち上がって、私たちを助けてください。あなたの慈しみを示して、敵の手から主の御許《みもと》に、取り返してください」こう訴える。

この詩の特徴は、神さまの前で信仰の正しさを語ることです。不信仰があって、「悔い改めます。だから救ってください」こうではありません。神さまに背くことなく、救いの契約を重んじ、御心に従って歩んできたのです。しかし現実は、敵に攻められ、滅びの危機に瀕していた。そこで、自らの信仰の正しさを語り、神さまになお救いを懇願するのです。

ひとつ、大切な点を抑えておきたいと思います。この詩人は、自分の信仰を誇ってはいません。熱心であること、ひたむきであること、神さまの前にまっすぐに歩んできたこと、これらを述べていますが、誇ってはいません。詩人が依り頼んでいるのは、どこまでも神御自身です。

**わたしが依り頼むのは自分の弓ではありません。**
**自分の剣によって勝利を得ようともしていません。**（7）

だから語るのです。

**主よ、奮い立ってください。**
**なぜ、眠っておられるのですか。**

神さまが立ち上がって、我々に救いを与えてほしいのです。

自分の信仰の正しさを語ることは、難しいことです。従ってきたこれまでは、嘘ではありません。しかしそれを語るとき、自分の心の中でどこかに負い目を感じるものです。しかし、信仰とは本来、「まっすぐに信じて生きる。生き抜いていく。動かないと見える試練があれば、神さまに食い下がるように救いを求めて祈る」このようなものだと思います。

詩人と、彼が語る「我ら」は、この先どういう現実をたどったのでしょう。これから先は、書いてないのでわかりません。そこで考えてみるのです。「彼らの信仰はどうなったのだろう」このことを考えてみる。真剣に信じて、精一杯生きました。力の限りに祈ったのです。この後詩人は、静かになったと思います。信じて生きて、力の限りに祈った。後は、神さまの働きを待つのです。イザヤの言葉を聞きましょう。イザヤ書30章15節。

**まことに、イスラエルの聖なる方**
**わが主なる神は、こう言われた。**
**「お前たちは、立ち帰って**
**静かにしているならば救われる。**
**安らかに信頼していることにこそ力がある」と。**

神さまの前に誠実に生きて、祈りを注ぐ。注ぎ尽す。後は、静かにして神の働きを待つのです。神の働きを待つとは、何もしないでボーッとしていることではありません。ゆだねることです。神さまを信頼して、現実を受け入れることです。

救いは、私たちの信仰の熱心さに応じて与えられるわけではありません。復活の朝を思い出しましょう。主イエスの復活は、人の知らないところで起こったのです。弟子たちの信仰を問えば、男の弟子たちは我が主を見捨て、全員姿を隠していました。女性の弟子たちは、遺体に香油を塗ることしか考えていなかった。キリストの復活は、人のために、人知れないところで、弟子たちの背きと弱さの中で、起こったのです。

精一杯、信じたいと思います。主を信頼して生きていきたい。力の限り祈りたいです。そして、神さまの働きを待ちましょう。復活を遂げた主イエスは弟子たちに近づきました。そして、神の働きを待つあなたに、キリストは近づいてくださいます。

祈り

父なる神さま。一筋に信じる者とならせてください。あなたを信じつつも、日々の思い煩いに、心をからめ取られてしまいます。私たちには、弱さがあり、背きがあり、不信仰がありま す。しかし、あなたは真実です。主よ、応えてください。復活のキリストが、祈り求める一人一人の現実に、力強く訪れてください。そして変わらないと見える現実を変えてください。私たちは祈ります。主の働きを待ちます。主キリストが、復活の御力をもって、一人一人に訪れてください。

主イエス・キリストの御名によって祈ります。アーメン。

# 第45編　あなたの民とあなたの父の家を忘れよ

第45編は、「結婚式の歌」です。ただの結婚式ではありません。王様の結婚式です。国王の代替わりがあります。先の王様が亡くなって、王子が王となります。若い王様が誕生する。しばらくときがたちます。王妃を迎えるのです。若い王様が王妃を迎える。国全体の喜びです。いよいよ、新しい時代を迎えることになる。

晴れの結婚式。王は凛々《りり》しい佇《たたず》まいで宮殿の奥に立ちます。居並ぶのは王族、大臣、将軍、同盟国の王に、諸国からやって来た大勢の使節たち。身分のある人々が立派な装いで並んでいます。やがてこの中へ、王妃となる人が入場します。王妃となる人は多くの場合、他国の王の娘です。たくさんの侍女を従えて、夫となる王の前に進んでいきます。

国王の結婚。国家を挙げての祝い事。宮殿では盛大な式が行われます。そしてこの席で歌われた詩が、45編です。順番に見ていきましょう。冒頭の2節からです。

**心に湧き出る美しい言葉**
**わたしの作る詩を、王の前で歌おう。**
**わたしの舌を速やかに物書く人の筆として。**

読んだところは、自己紹介です。この詩を作り、人々の前でうたう者の自己紹介。彼は、宮廷の書記官であったと言います。書記官と言えば、会議の記録を作り、公文書を管理し、国家の歴史を編纂する、このようなことが主な仕事です。これに加えて当時は、宮廷詩人の仕事もしていたと言うのです。官僚の職務を果たし、芸術にも秀でている。教養が高く身分のある人物です。まずは自己紹介をする。そして居並ぶ諸侯を前に、結婚の賛歌をうたい始めます。

3節から10節は、王にささげる祝福と賛美です。

**あなたは人の子らのだれよりも美しく**
**あなたの唇は優雅に語る。**
**あなたはとこしえに神の祝福を受ける方。**（3）

王に贈る祝福の言葉です。「あなたは神の慈しみの中にいるお方」。そして、大きな声で呼び掛けるのです。

**勇士よ、腰に剣を帯びよ。**
**それはあなたの栄えと輝き。**
**輝きを帯びて進め**
**真実と謙虚と正義を駆って。**（4—5）

王様ですから、腰に剣を帯びます。国の内側にあっては不正を正す。国の外にあっては攻めて来る敵と戦う。腰に帯びた剣は、勇気と繁栄のしるしです。

**輝きを帯びて進め**
**真実と謙虚と正義を駆って。**

乗馬のイメージで語られています。いたずらに剣を振り回すのではありません。「真実と謙虚と正義」の馬にまたがって剣を抜く。つまり、神さまに対しては謙虚に、人に対しては慈愛をもって、世を正しく治めていくというのです。

**右の手があなたに恐るべき力をもたらすように。**（5）

「恐るべき力」とは、神さまが注ぐ力です。国を治め、敵たちを打ち倒すことができる、特別な力が注がれるように。

**神に従うことを愛し、逆らうことを憎むあなたに**

**神、あなたの神は油を注がれた　喜びの油を、あなたに結ばれた人々の前で。（8）**

「神に従うことを愛し」と語って、王の信仰をたたえます。そして神は、このような王に油を注がれました。神さまから王として、聖別されていることを確認するわけです。

**あなたの衣はすべて　ミルラ、アロエ、シナモンの香りを放ち**

**象牙の宮殿に響く弦の調べはあなたを祝う。（9）**

王様は今、晴れ着をまとっています。衣には香が焚いてあり、良い香りが漂ってくる。象牙で飾られた宮殿の奥にいて、大きな祝福の中にいるのです。

続く11節から16節までは、花嫁に贈る言葉です。王へささげる言葉が終わりました。花嫁が入場してきます。これに合わせて言葉を贈るのです。

**娘よ、聞け。**

**耳を傾けて聞き、そしてよく見よ。**

**あなたの民とあなたの父の家を忘れよ。（11）**

嫁いできた娘。「父の家と故郷を忘れなさい」今日からは、王女ではなく、王の妻、王妃として生きていくのだ。

**王はあなたの美しさを慕う。**
**王はあなたの主。彼の前にひれ伏すがよい。**（12）
夫となる王はあなたを愛する。それゆえ、王を敬い、身をゆだねよと語り掛ける。
**ティルスの娘よ、民の豪族は贈り物を携え**
**あなたが顔を向けるのを待っている。**（13）
「ティルス」とは地中海沿岸にある都市の名前です。この国の王女様が嫁いできたときにうたわれたのでしょう。イスラエルの民の豪族たちは、歓迎の贈り物を携え、王妃様のお越しを待っている。「どうぞ、お顔を向けてやってください」と言うのです。
**王妃は栄光に輝き、進み入る。**
**晴れ着は金糸の織り**
**色糸の縫い取り。**
**彼女は王のもとに導かれて行く**
**おとめらを伴い、多くの侍女を従えて。**
**彼女らは喜び躍りながら導かれて行き**
**王の宮殿に進み入る。**（14―16）

王妃様の入場です。先導するのは乙女たち。嬉々として躍っています。これとは対照的に王妃は美しい大人の女性であった。ティルスの装いは宮殿全体にエキゾチックな香りを放っていたでしょう。

最後は、王への祝福と賛美の言葉です。

**あなたには父祖を継ぐ子らが生まれ**
**あなたは彼らを立ててこの地の君とする。**
**わたしはあなたの名を代々に語り伝えよう。**
**諸国の民は世々限りなく　あなたに感謝をささげるであろう。**（17—18）

子孫繁栄です。王の系図が末広がりに増えていく。

**あなたには父祖を継ぐ子らが生まれ**
**わたしはあなたの名を代々に語り伝えよう。**

王の統治は諸国民の間にまで広がっていきます。ついに、歴史に名を残す王になると言う。

結婚式の歌。私はここに、詩編の豊かさを見る思いがします。詩編にはたくさんのジャンルがあります。感謝。賛美。悔い改め。敵からの救いを求めるもの。自らの潔白を主張するもの。人の生き方を諭すもの。そしてこの中に、結婚式のときにうたう喜びの詩がある。人間の営みを肯定して喜び祝う。詩編の豊かさと、奥行きの深さを感じるのです。

そしてこのような45編は、新約聖書の中に受け継がれていきます。文字通りの結婚ではありません。花婿である王をキリストに置き換えます。花嫁である王妃を教会と考えるのです。代表的な所を参照しましょう。エフェソの信徒への手紙5章21節以下です。

キリストに対する畏れをもって、互いに仕え合いなさい。妻たちよ、主に仕えるように、自分の夫に仕えなさい。キリストが教会の頭《かしら》であり、自らその体の救い主であるように、夫は妻の頭だからです。また、教会がキリストに仕えるように、妻もすべての面で夫に仕えるべきです。夫たちよ、キリストが教会を愛し、教会のために御自分をお与えになったように、妻を愛しなさい。キリストがそうなさったのは、言葉を伴う水の洗いによって、教会を清めて聖なるものとし、しみやしわやそのたぐいのものは何一つない、聖なる、汚れのない、栄光に輝く教会を御自分の前に立たせるためでした。そのように夫も、自分の体のように妻を愛さなくてはなりません。

（エフェソ５・21―28）

キリストを花婿、教会を花嫁にたとえます。花婿は花嫁を愛します。特にここでは、「言葉を伴う水の洗いによって、教会を清めて聖なるものとし」と語られています。「水の洗い」とは洗礼のことです。洗礼はキリストの死と復活にあずかることです。主キリストの愛は、単に「好きだ」とか「大事に思う」そのようなことではありません。自ら十字架について、命を賭して、愛する者を御自身の許へ勝ち取っていく愛です。さらにキリストと教会の関係を、頭と体にたとえていきます。頭と体はひとつです。キリストと教会はひとつ。分かたれることなく、一緒に生きていくと言うのです。エフェソの信徒への手紙は、以上のようにキリストと教会の関係を語り、夫婦がどのようなものかを教えていくわけです。

私は45編の中で、次の言葉がとても心に響きます。

**娘よ、聞け。**

**耳を傾けて聞き、そしてよく見よ。**

**あなたの民とあなたの父の家を忘れよ。**（11）

嫁いできたお姫さまです。「王と結ばれるからには、故郷を忘れ、あなたの父の家を忘れよ」そのとおりでしょう。そして心には、切ない痛みが走ります。

申していますように、新約聖書ではキリストと教会を夫婦にたとえます。洗礼を受けて信者になることは、文字どおり、キリストと結ばれることを意味します。私たちは、この喜びと厳粛さをもう一度受け止めなおしたいと思うのです。主キリストはあなたを一人の妻として迎えます。それは、十字架の上で血を流し、あなたの罪、咎、負い目を赦し、これからの人生を神の国に入るまで、そのときまで一緒に生きてくださるということです。喜びの日も悲しみのときも、ひとつのパンを分け合い、一緒に歩んでいくということです。

キリストを信じたら「親でもなければ、子でもない」このようなことではありません。信仰は人間関係を破壊するものではありません。人との関係を新しく作っていくものです。そして同時に、「あれも良い、これも良い」そのような信仰はありません。夫婦であれば、互いの間には絆があります。それを守るから夫婦でいられるのです。キリストを信じつつ、ときに「さまざまな神々に手を合わせます。行きつくところは同じです」。もしそうであれば、それは聖書が示す福音信仰ではありません。さまざまな事情があって教会へ行けない方がいます。責める気持ちはありません。同時に、「教会へは行けるときに行けばいいのだ」これでは違います。もう、古いのかもしれません。私は、主キリストに対する操を守りたいのです。このお方を信じて洗礼を受けたのなら、主キリストの愛と恵みをこの身に受けたのなら、私は一生をとおしてそれを守りたい。主キリストに対する信仰を貫きたいです。

花婿であるキリストに忠実である。忠実であることを祈り求めるのです。このとき、結婚は意味と力を持ちます。主キリストと共に歩む信仰生活に、真実な喜びと感謝が生まれるのです。

祈り

父なる神さま。あなたが私たちを愛し、キリストを与えてくださいました。人生の中でこのお方に捉えられ、愛と恵みを知らされました。主よ、キリストに対して、忠実な者とさせてください。その心があっても、私たちはつまずきます。道を間違えることがあります。あえて救い主に、背を向けることさえあるのです。このような私たちを憐れみ、主と共に歩む者とならせてください。キリストと共に歩むとき、恵みの不思議が起こります。神さまを喜ぶ者になります。信仰を守り、主と共に歩みます。聖霊の働きが私たちを守り、日々の歩みを導いてください。

主イエス・キリストの御名によって祈ります。アーメン。

# 第51編　I（1―11節）　罪から清めてください

二回にわたって、第51編を学んでいきたいと思います。はじめに、1―11節の前半部分です。テーマは、「罪からの救いを求める祈り」。

本編には表題がついています。

**指揮者によって。賛歌。ダビデの詩。**

**ダビデがバト・シェバと通じたので預言者ナタンがダビデのもとに来たとき。**

ダビデ王は、家来の妻であるバト・シェバと関係を持ちました。このことは神さまの知る所となりました。預言者ナタンが遣わされます。この出来事にちなんで作られた詩というわけです。ダビデとバト・シェバの事件を見ていきましょう。サムエル記下11章2節以下です。

**ある日の夕暮れに、ダビデは午睡から起きて、王宮の屋上を散歩していた。彼は屋上から、一人の女が水を浴びているのを目に留めた。女は大層美しかった。ダビデは人をやって女のことを尋ねさせた。それはエリアムの娘バト・シェバで、ヘト人ウリヤの妻だということであった。ダビデは使いの者をやって彼女を召し入れ、彼女が彼のもとに来ると、床を共にした。彼女は汚れから身を清めたところであった。女は家に帰ったが、子を宿したので、ダビデに使いを送り、「子を宿しました」と知らせた。**（サムエル記下11・2―5）

ダビデが築いた王国。国は安定していました。もはやダビデが出陣しなくても、全軍は勝を得て帰って来ます。季節は九月の末あたり。暑さが残るけだるい日であったかもしれません。午睡から目を覚ましたダビデは、宮殿の屋上で、水浴びをしている美しい女を目に留めます。尋ねてみれば家来ウリヤの妻バト・シェバ。ダビデは人をやって女を部屋に呼びます。床を共にしました。そしてこの日から、数か月が過ぎたのです。女の許から知らせが届きました。「子を宿しました」。ダビデにしてみれば心の向くままに振る舞っただけです。ひとときの情事。それ以上のことではありません。ところが、子どもができた。家来の妻が自分の子を宿している。一度きりのことが、事件になりました。

ダビデはウリヤを戦地から呼び戻します。ダビデはウリヤを家に帰したい。妻と床を共にするよう仕向けるのです。これが叶えば、宿った子はウリヤの子とごまかすことができます。ところがウリヤ、真面目というのか律儀というのか、家には帰りません。

「神の箱も、イスラエルもユダも仮小屋に宿り、わたしの主人ヨアブも主君の家臣たちも野営していますのに、わたしだけが家に帰って飲み食いしたり、妻と床を共にしたりできるでしょうか。あなたは確かに生きておられます。わたしには、そのようなことはできません。」（11・11）

「家に帰ったらどうだ」「いいえ、できません」三日にわたってやり取りが続きます。そして、次の日の朝です。

**翌朝、ダビデはヨアブにあてて書状をしたため、ウリヤに託した。書状には、「ウリヤを激しい戦いの最前線に出し、彼を残して退却し、戦死させよ」と書かれていた。**（11・14―15）

ダビデはウリヤに書状を持たせて戦地へ帰します。書状には、「ウリヤを戦死させせよ」と書いてあった。ウリヤは忠実な家来です。自分の殺害命令が記されているとも知らず、王から発せられた書簡を大事に抱えて上官の許へ届けました。数日して、前線の将軍ヨアブの許から使いがやって来て、ウリヤの戦死を告げます。

**ダビデは使者に言った。「ヨアブにこう伝えよ。『そのことを悪かったと見なす必要はない。剣《つるぎ》があればだれかが餌食になる。奮戦して町を滅ぼせ。』そう言って彼を励ませ。」**（11・25）

ダビデは言いました。「そのことを悪かったと見なす必要はない」。使者に告げているのではありません。ダビデは、自分に語り掛けています。「そのことを悪かったと見なす必要はない。あることではないか。やむを得ないことだ。もう終わったのだ」。そしてこの日から、幾日かが過ぎました。ごく普通の日々が過ぎたのです。

主はナタンをダビデのもとに遣わされた。ナタンは来て、次のように語った。

「二人の男がある町にいた。
一人は豊かで、一人は貧しかった。
豊かな男は非常に多くの羊や牛を持っていた。
貧しい男は自分で買った一匹の雌の小羊のほかに　何一つ持っていなかった。
彼はその小羊を養い　小羊は彼のもとで育ち、息子たちと一緒にいて
彼の皿から食べ、彼の椀から飲み
彼のふところで眠り、彼にとっては娘のようだった。
ある日、豊かな男に一人の客があった。
彼は訪れて来た旅人をもてなすのに
自分の羊や牛を惜しみ
貧しい男の小羊を取り上げて

自分の客に振る舞った。」

ダビデはその男に激怒し、ナタンに言った。「主は生きておられる。そんなことをした男は死罪だ。小羊の償いに四倍の価を払うべきだ。そんな無慈悲なことをしたのだから。」


（12・1―6）


ダビデの言葉に注目しましょう。彼は激怒して言いました。

「主は生きておられる。そんなことをした男は死罪だ。小羊の償いに四倍の価を払うべきだ。そんな無慈悲なことをしたのだから。」

人は神の側に立つのです。自分自身を罪人とは思いません。正しい人間だと思う。そしてこの当人が、罪を犯すのです。家来の妻を奪いました。発覚を恐れて家来を殺した。その罪を預言者ナタンが厳しく指摘します。

ナタンはダビデに向かって言った。「その男はあなただ。イスラエルの神、主はこう言われる。『あなたに油を注いでイスラエルの王としたのはわたしである。わたしがあなたをサウルの手から救い出し、あなたの主君であった者の家をあなたに与え、その妻たちをあなたのふところに置き、イスラエルとユダの家をあなたに与えたのだ。不足なら、何であれ加えたであろう。なぜ主の言葉を侮り、わたしの意に背くことをしたのか。あなたはヘト人ウリヤを剣にかけ、その妻を奪って自分の妻とした。ウリヤをアンモン人の剣で殺したのはあなただ。それゆえ、剣はとこしえにあなたの家から去らないであろう。あなたがわたしを侮り、ヘト人ウリヤの妻を奪って自分の妻としたからだ。』主はこう言われる。『見よ、わたしはあなたの家の者の中からあなたに対して悪を働く者を起こそう。あなたの目の前で妻たちを取り上げ、あなたの隣人に与える。彼はこの太陽の下であなたの妻たちと床を共にするであろう。あなたは隠れて行ったが、わたしはこれを全イスラエルの前で、太陽の下で行う。』」

ダビデはナタンに言った。「わたしは主に罪を犯した。」（12・7―13）

この一つ一つを行ったダビデが、神の前で正義と慈愛を語るのです。

詩人は言いました。

あなたに、あなたのみにわたしは罪を犯し
御目《おんめ》に悪事と見られることをしました。（6）

「あなたに、あなたのみに罪を犯しました」。「人間に対する罪はどうなのだろう」「神さまに赦しを乞えば、あらゆる罪は赦されるのだろうか」、そう思うところでしょう。詩人は、個別的な罪を語っているのではありません。「姦淫した」「殺した」あるいは、「盗んだ」「嘘をついた」。一つ一つの罪を語っているのではありません。個別的な罪なら、お詫びをし、償いをはたし、責任を取る道もあります。しかし、述べられているのはそういうことではありません。詩人は、「私そのものが罪に染まっている」と言うのです。たとえ悪いことをしなくても、私は神の前に罪があると言うのです。

ダビデは人の妻を奪い、隠ぺいのために忠実な家来を殺しました。相手となったバト・シェバはどうなのでしょう。彼女は夫ウリヤを愛していました。ダビデに呼ばれる前は仲の良い幸福な夫婦であったでしょう。そして、一人の男によって夫婦の幸せは壊されました。男が王だったので、逆らうことはできなかったのです。バト・シェバは不幸な女です。しかし、それだけなのでしょうか。バト・シェバはウリヤを愛していました。そして同時に、ダビデに強い魅力を感じていたのではないでしょうか。この世の戦いを勝ち抜いて王となったダビデ。並みの男にはない輝きを持っています。求められたバト・シェバは、夫に対する苦悶と共に、ダビデに対して名状しがたい歓びを感じていたかもしれません。この後彼女はダビデの側室となります。最初の子は生まれてから七日目に亡くなります。バト・シェバは悲嘆にくれ、ダビデは心を砕いて慰めます。やがて二人の間に子が誕生します。その子こそ、ダビデ王の後継者となるソロモンです。

束の間の情事でした。もみ消そうとする中で人を殺すこととなった。この中でダビデとバト・シェバは夫婦となっていきます。聖書は、人間のこの現実を「罪」と言うのです。

**わたしは咎のうちに産み落とされ**
**母がわたしを身ごもったときも　わたしは罪のうちにあったのです。**（7）

私の中に、生まれながらに罪があるのです。この世に生まれた人間は、罪を犯さなくては、生きていくことができないのです。

お葬式に行けば涙が出ます。そして帰る道々「今夜は何を食べようか」と考えるのです。同情はできても、私は悲しみの当事者ではありません。傷んでいるのはあなたであって、私ではない。孤独なのです。人は。そして自分を庇《かば》って、他人を傷つける。お互い様そうやって生きているのです。だから、詩人は祈るのです。

**ヒソプの枝でわたしの罪を払ってください　わたしが清くなるように。**

**わたしを洗ってください　雪よりも白くなるように。**（9）

汚れた雑巾で泥足をぬぐっても、きれいにはなりません。自分ではぬぐうことができないのです。ぬぐってほしい。罪から清められて、神さまの前に憩うことができる、平安がほしいのです。

罪をぬぐわれ、平安が与えられる。パウロが道を示しています。ローマの信徒への手紙7章18節以下の言葉です。

**わたしは、自分の内には、つまりわたしの肉には、善が住んでいないことを知っています。善をなそうという意志はありますが、それを実行できないからです。わたしは自分の望む善は行わず、望まない悪を行っている。もし、わたしが望まないことをしているとすれば、それをしているのは、もはやわたしではなく、わたしの中に住んでいる罪なのです。（ローマ7・18―20）**

パウロも、ぬぐいきれない罪を知っています。神の側に立ちつつ、罪を犯さなければ生きていけない自分であることを知っています。解決できません。罪をぬぐうことができないのです。しかし彼は語ります。キリストの救いを語るのです。

**今や、キリスト・イエスに結ばれている者は、罪に定められることはありません。キリスト・イエスによって命をもたらす霊の法則が、罪と死との法則からあなたを解放したからです。**
**（ローマ8・1―2）**

私たちは生まれながらに罪人です。そして罪には、魅力があります。力がある。だから、罪に引きずられて生きてしまうのです。そしてパウロは、「キリスト・イエスに結ばれている者は、罪に定められることはない」と言う。主キリストが、私たちの罪を負い切ったのです。十字架について死んで、罪の責任を取った。私たちの罪を清算してくださったのです。だからキリストに結ばれるとき、私たちは罪から解放されます。

蒸気機関車を思い出しましょう。機関車が客車を引っ張ります。これまでは、罪が自分を引っ張っていたのです。欲しいものを手に入れる、自分を守る、そのためには悪いことも正当化される。場合によっては人さえも殺してしまう。エゴです。エゴが正当化される生き方です。これに対して私たちは信仰を持ったのです。キリストと結ばれ、主キリストが私を引っ張る機関車に代わったのです。このとき、行く道は変わります。己のために罪を犯す生き方はしません。キリストと共に生きて、神さまに感謝できる人生になるのです。難しいことではありません。キリストを信じるとき、悪いことはできなくなります。神さまを畏れ敬い、隣人を大切にして生きるようになります。私を愛している主キリストを裏切りたくありません。悲しませたくないのです。これがパウロの言う「命をもたらす霊の法則」です。人は、キリストによって清められ、新しい者として生かされていくのです。私たちは、この福音に招かれているのです。

祈り

父なる神さま。私たちを助けてください。主キリストが私たちの罪を負い、血を流して、赦しを与えてくださいました。この福音を自分のものとすることができるよう、力を与えてください。「私の罪よりも、この世の現実よりも、主キリストの方が強い」。この福音を信じて、神さま、あなたの子となることができますように。

主イエス・キリストの御名によって祈ります。アーメン。

# 第51編 Ⅱ（12―21節） 新しい霊を授けてください

51編の後半を学びます。最初に3節以下の言葉を読んでいきましょう。

**神よ、わたしを憐れんでください　御慈しみをもって。**
**深い御憐れみをもって　背きの罪をぬぐってください。**
**わたしの咎をことごとく洗い**
**罪から清めてください。**（3―4）

詩人は、自分の中にある罪からの救いを求めています。敵が攻めて来るので、「助けてください」ではありません。罠にかけられて訴えられる。「神さま、正当な裁きを与えてください」こうでもない。問題は自分の外にあるのではありません。私そのものが問題なのです。

表題には次のように書いてあります。「ダビデがバト・シェバと通じたので預言者ナタンがダビデのもとに来たとき」。詩人は、自分の中にある重い罪と、ダビデとバト・シェバの事件を重ねるわけです。ダビデは人妻であるバト・シェバを奪いました。ことが発覚することを恐れて、バト・シェバの夫ウリヤを殺させます。神さまの前に悪事は露見する。しかしこの後二人は、夫婦として生きていきます。

バト・シェバを奪ったときのダビデは、心には何の負い目も感じませんでした。王という地位、権力の前には、人妻を好きにすることは許されると思い込んでいた。ダビデは神と人を侮りました。傲《ごう》慢《まん》だったのです。片や、バト・シェバはどうでしょう。彼女にとってダビデは夫殺しの張本人です。しかしバト・シェバはダビデを慕います。二人の間にできた子が死ねば二人で悲しみ、やがて、イスラエルの王となるソロモンを産むことになります。男と女の愛欲があります。そこにエゴが絡みついたドロドロとした現実。創世記の3章には次のように書いてあります。

**神は女に向かって言われた。**
**「お前のはらみの苦しみを大きなものにする。**
**お前は、苦しんで子を産む。**
**お前は男を求め**
**彼はお前を支配する。」**（創世記3・16）

さらに神はアダムに告げます。

**お前に対して**
**土は茨とあざみを生えいでさせる**
**野の草を食べようとするお前に。**
**お前は顔に汗を流してパンを得る**
**土に返るときまで。**（3・18—19）

バト・シェバは夫を殺したダビデを慕います。そしてダビデは死ぬまで戦うのです。王として剣を抜き、死ぬまで戦って勝ち抜かなければならない。

詩人は、自分の罪をダビデとバト・シェバの事件に重ねます。このようにして人間の罪を語るのです。欲望とエゴ。神に従い得ない現実。隣人を傷つけ、自分自身が傷つき果てて人生のときを過ごす。事の大小はあります。しかし詩人は、ここに人間の現実を見るのです。

けれども人は、それだけではすみません。ある日気が付くのです。「人生が重い」。このことに気が付く。まるで服を着たまま水をかぶったように、人生がずっしりと重い。繰り返すことのできない過去を振り返っては、「どこが間違っていたのか」と思う。いっそ、「裁きを受けて赦されるのなら、裁かれたい」、ここまで思うことがあります。けれども、わからないのです。何をどうしていいのかわからない。詩人は祈ります。

**ヒソプの枝でわたしの罪を払ってください　わたしが清くなるように。**
**わたしを洗ってください　雪よりも白くなるように。**（9）

自分の中に救いはありません。求めるよりなかった。心を尽くして祈りをささげるのです。そしてこの延長線上で、後半の言葉が語られていくのです。

**神よ、わたしの内に清い心を創造し**
**新しく確かな霊を授けてください。**
**御前からわたしを退けず**
**あなたの聖なる霊を取り上げないでください。**
**御救いの喜びを再びわたしに味わわせ**
**自由の霊によって支えてください。**（12―14）

個々具体的な罪が問題なのではありません。私そのものが問題なのです。そこで、「わたしの内に清い心を創造し　新しく確かな霊を授けてください」こう祈る。

人間が創造されたとき、神さまは人の鼻に命の息を吹き入れました。これによって人は、生きる者になります。与えられた命の霊が罪によって死にかけているのです。だから、「清い心を創造してほしい」。罪に負けない「新しく確かな霊を授けてほしい」。

述べられている所を淡々と読んでしまいます。しかしこれは、どん詰まりの言葉です。詩人は人間の悔い改めさえ信じていません。「信仰を取り戻し、神と人の前に誠実に歩んでいこう」、これさえ信じていない。人は、神さまが清い心を創造してくださり、新しい霊を授けてくださらなければ救われない。罪から逃れることはできないと理解している。どん底にまで到達してしまった罪理解です。このような罪理解、現実理解は、一日にしてできたものではありません。20節以下の言葉です。

> **御旨のままにシオンを恵み**
> **エルサレムの城壁を築いてください。**
> **そのときには、正しいいけにえも　焼き尽くす完全な献げ物も、あなたに喜ばれ**
> **そのときには、あなたの祭壇に　雄牛がささげられるでしょう。**（20―21）

「御旨のままにシオンを恵み　エルサレムの城壁を築いてください」。これは、バビロニア帝国によってエルサレムが破壊されたことをうたうものです。つまりこの詩は、バビロン捕囚期もしくは、捕囚が終わってまだ神殿が再建される前の詩です。個人の善し悪しではありません。民族全体が、神の前に罪を犯したのです。その報いとして、王家の者たちは殺され、神殿は焼き払われ、民全体が捕囚の憂き目に遭った。この経験が詩人に厳しい罪理解を与えています。
詩人は、絶望しているのです。彼は人間に絶望しています。人は何としても罪から逃れられない。誰もが欲望を通し、エゴを守り、神に背く。互いに傷つけ合い、結局自分に不幸を招いてしまう。そしてどうすることもできないのです。溺れている人間が、自分を引き上げることができないように、自らの力で罪の現実から逃れることはできない。

詩人は、自分を含めた人間に対して絶望しています。この中で、「清い心」と「確かな霊」を求めました。清い心とは、神さまに対して開かれた心を持つことです。確かな霊とは、神さまに対する、ぶれることのない信頼の心を持つことです。絶望の中で、神さまが新しい創造を与えてくださることを祈る。

私たちはここで、新約聖書を開きたいと思います。打ちのめされた男がいます。現実の厳しさと自分自身の無力さの中にうずくまる男がいます。この人の内に詩人が祈り求めた、「清い心」と「確かな霊」が創られていくのです。コリントの信徒への手紙一、2章1節以下の言葉です。

**兄弟たち、わたしもそちらに行ったとき、神の秘められた計画を宣べ伝えるのに優れた言葉や知恵を用いませんでした。なぜなら、わたしはあなたがたの間で、イエス・キリスト、それも十**

字架につけられたキリスト以外、何も知るまいと心に決めていたからです。そちらに行ったとき、わたしは衰弱していて、恐れに取りつかれ、ひどく不安でした。わたしの言葉もわたしの宣教も、知恵にあふれた言葉によらず、〝霊〟と力の証明によるものでした。それは、あなたがたが人の知恵によってではなく、神の力によって信じるようになるためでした。（Ⅰコリント2・1―5）

語られているのはコリント伝道を始めた最初のころです。このときパウロは、「衰弱していて、恐れに取りつかれ、ひどく不安でした」と言います。

コリント伝道は、第二回伝道旅行の最後に着手されました。第二回伝道旅行はパウロの働きの中で最も実り多いものです。ところが、現実はとても辛いものでした。フィリピ、テサロニケ、ベレア、アテネ、そしてコリントへ至ります。行く町々で福音を宣べ伝えます。恵みの出会いがあり、信じる者たちが起こされます。しかし同時に必ず福音に反対する者たちが立ち上がります。彼らは強靭な人々でした。フィリピの町では、ローマ帝国の風習に背く者としてパウロとシラスを訴えます。この末に二人は、捕えられ、鞭を打たれ、投獄されてしまいます。テサロニケではユダヤ人たちが牙をむきました。彼らは広場にたむろしているならず者を巻き込んで暴動を起こします。信徒の家を襲い、パウロとシラスの行方を捜し回りました。アテネは学問の都です。暴力事件は起こりませんでした。しかしパウロが福音を伝えると、「それについては、いずれまた聞かせてもらうことにしよう」と述べて相手にしません。

そしてコリントの町に入ったのです。アキラとプリスキラ夫婦に出会います。遅れてやって来た弟子たちと合流します。伝道のパウロチームが生まれます。ところがパウロは、ひどく不安になり、言葉を発することができなくなりました。

**ある夜のこと、主は幻の中でパウロにこう言われた。「恐れるな。語り続けよ。黙っているな。わたしがあなたと共にいる。だから、あなたを襲って危害を加える者はない。この町には、わたしの民が大勢いるからだ。」**（使徒18・9―10）

コリントに至るまでの日々は厳しいものでした。福音を宣べ伝えれば信じる者たちが起こります。同時に敵対者たちが現れて恐ろしい形相で追いかけまわされるのです。コリントに着いたときパウロは、心の糸が切れたのでしょう。伝道者が、福音の言葉を語ることができなくなってしまったのです。

知恵と力を総動員して伝道しました。この末に、体は衰弱し心は恐れに取りつかれた。そして、主の御言葉を聴きました。このときパウロは悟ったのです。自分の知恵や力、信仰の熱心さで伝道するのではない。主キリストが私を用いている。だから、十字架の福音を伝えよう。時が良くても悪くても、主の福音を宣べ伝えよう。これを悟ったのです。

「清い心」とは、神さまに対して開かれた心を持つことです。「確かな霊」とは、神さまに対するぶれることのない信頼の心を持つことです。パウロは、知恵も力も打ち砕かれました。信仰の熱心ささえ役には立たなかったのです。そして御言葉を聴きもう一度キリストと出会いました。主は、私の能力ではなく、私そのものを愛して用いてくださる。このことを経験したのです。そこで、あるがままの自分自身をささげます。ひたすらに、主キリストへの信頼に生きる者になるのです。

大きな試練に遭うことがあります。大病を患う、貯えてきた財産をいっぺんに失う、家族が不幸な仕方で亡くなっていく。あるいは、己の罪と向き合わなければならないことがあります。結果が出てしまうのです。それも晩年に、エゴを通して生きてきた人生の結果が出てしまう。孤独なのです。欲しい物は手に入れたかもしれない。しかし喜びがない。このとき、安価な仕方で信仰に逃げるべきではありません。「神さまを信じているのだから」「祈っていれば大丈夫だ」そういうものではない。むしろ、自分の現実を受け止めるべきです。「自分本位であった。神と隣人を充分には大事にしなかった。そして、愛がなかったのだ」。自分の現実、自分の罪、これをしっかり受け止めるのです。このとき、真実な祈りへ導かれます。

**神よ、わたしを憐れんでください　御慈しみをもって。**
**深い御憐れみをもって　背きの罪をぬぐってください。**
**わたしの咎をことごとく洗い**
**罪から清めてください。**

私の持っている何かではなくて、ただ神さまの救いに依り頼む祈りがささげられるでしょう。そして神さまは、私たちのこの祈りを聴いてくださいます。主キリストが十字架についたのは、あなたの罪を赦すためです。あなたの嘆きを背負い、絶望を身に受けるためです。そしてあなたを罪から清めて生かすために、主イエスは十字架についたのです。だから神さまは、あなたの祈りを聴いてくださいます。

祈り

父なる神さま。あなたを信じつつも、なすべきことをせず、してはいけないことをして、人生の時を過ごしてしまいました。過去を振り返るとき、取り返しのつかない現実の重さを感じます。しかし、これで終わりではありません。罪の重さを知るとき、キリストの救いの尊さを知ります。装うことなく、繕うことなく、信仰と罪ある自分をそのままに、あなたにささげます。私たちを憐れみ、キリストの血によって清めてください。そして主に結ばれ、新しくされたキリストの弟子たちとして、私たちを生かしてください。救いなきこの世に福音の使節として、遣わしてください。

主イエス・キリストの御名によって祈ります。アーメン。

# 第69編　恵みと慈しみの主よ

第69編は前半と後半の二つに分けることができます。前半は2節から30節まで。内容は、「個人の嘆き」。後半は31節から37節まで。内容は、「神賛美」です。以上のように二部構成になっています。冒頭から見ていきましょう。2節以下の言葉です。

**神よ、わたしを救ってください。**
**大水が喉元に達しました。**
**わたしは深い沼にはまり込み**
**足がかりもありません。**
**大水の深い底にまで沈み**
**奔流がわたしを押し流します。**

叫び続けて疲れ、喉は涸れ
わたしの神を待ち望むあまり　目は衰えてしまいました。
理由もなくわたしを憎む者は　この頭の髪よりも数多く
いわれなくわたしに敵意を抱く者　滅ぼそうとする者は力を増して行きます。
わたしは自分が奪わなかったものすら　償わねばなりません。（2―5）

「大水が喉元に達しました」。濁流です。集中豪雨があって、山の斜面は崩れ、鉄砲水が起こる。家も人も流されてしまいます。詩人は、苦難という濁流に襲われました。激流に押し流されてとうとう泥沼の中にたどり着いた。そこは泥沼ですから、手足の自由が利きません。どこに底があるのかもわからない。もがいているうちに泥が鼻や口に入ります。そこへめがけて再び濁流が押し寄せて来る。辛辣なイメージです。ものすごい苦難が襲ったのです。いったい彼に、何があったのでしょう。

理由もなくわたしを憎む者は　この頭の髪よりも数多く
いわれなくわたしに敵意を抱く者　滅ぼそうとする者は力を増して行きます。

「理由もなく」。自分の側に落ち度はないと言う。しかし「いわれなく敵意を抱かれた」。その数は「髪の毛よりも多かった」。詩人は、高い身分にいた人かもしれません。罠をかけられたのか、人に嫌われたのか、この末に失脚したのかもしれません。あるいは、病気であった可能性もあります。27節で次のようにうたっています。

**あなたに打たれた人を、彼らはなおも迫害し**
**あなたに刺し貫かれた人の痛みを話の種にします。**

「打たれた」「刺し貫かれた」、これは病を暗示する言葉です。一般的な病であれば詩人はここまで苦しまないでしょう。このように考えると、当時の世の中では受け入れられない病を患っていた可能性もあると思います。それは「汚れている」と見なされた重い皮膚病です。

当時の世の中ではなすすべがありません。不治の病です。病んだ人を隔離することしかできません。本人にとっても家族にとっても不幸なことです。そしてこの病は、神からの裁きと考えられていました。「何か悪いことをしたから、神の裁きを受けているのだ」こう考えました。病気だけで辛いのです。この上に世の中から非難の目を向けられる。場合によっては家族からも嫌われます。これが病を患った人の現実です。

詩人に何があったのでしょう。失脚したのか、重い病を発症したのか。苦難が訪れる前は普通に暮らしていたでしょう。これだけの詩を作れる人です。むしろ、普通よりも優れていた。教養があり、恵まれた環境で育った。力のある立場にいたと思います。そして苦難に見舞われたとき、現実が変わりました。これまでは笑顔で迎えられることに疑いを持ちませんでした。しかし弱くなったとき人々は彼を嫌った。囲む人々から嫌われたのです。彼自身、元気なときには他人の痛みなどわからなかったでしょう。弱い立場の人など視野に入りません。そして、苦難が訪れました。とても弱くなったのです。

**神よ、わたしの愚かさは、よくご存じです。**
**罪過もあなたには隠れもないことです。**
**万軍の主、わたしの神よ**
**あなたに望みをおく人々が　わたしを恥としませんように。**（6―7）

悪いことをしようと思ったわけではありません。しかし振り返れば、たくさんの人たちに心ないことをした。傷つけていたのです。「神よ、わたしの愚かさは、よくご存じです」「神さま、未熟でした。恵まれているのが当たり前だと思っていた。たくさんの人々の心を踏み潰して、ここまで来てしまった」。どん底に落ちて、かつての自分の姿が見えたのです。傲慢《ごうまん》であり、驕《おご》りがあった。神さまの心も、人の心も、十分には知らずにきた。己の愚かさを認めました。罪を言い表します。深い所で、悔い改めているのです。

**あなたに望みをおく人々が　わたしを恥としませんように。**

人が自分を見て「あの人と同じ信仰を持っているのか」と、わたしのことを苦く思わないでほしい。

ここまで祈る。強烈な苦難です。詩人は身も心も痛めています。打ちのめされているのです。しかしこのような彼を前にしても、世の人々は優しくありませんでした。

**兄弟はわたしを失われた者とし**
**同じ母の子らはわたしを異邦人とします。**（9）

「異邦人」とは、神に捨てられた汚れた者を意味します。「身内ではない」と言う。「あの人は私たちとは何の関わりもない」と言うのです。

積極的に悪いことをしたわけではありません。大きな苦難に遭って、悔い改めて、なお人々から忌み嫌われている。これが詩人の現実です。しかし、これだけでは終わりませんでした。彼はこの現実の中で祈るのです。

**恵みと慈しみの主よ、わたしに答えてください**
**憐れみ深い主よ、御顔をわたしに向けてください。**
**あなたの僕に御顔を隠すことなく**
**苦しむわたしに急いで答えてください。**
**わたしの魂に近づき、贖い**
**敵から解放してください。**（17—19）

詩人はどん底にいます。しかし彼は神さまを、「恵みと慈しみの主よ」こう呼びかけている。69編の勘所はここです。親兄弟、町の人々、あらゆる隣人が敵になったとしても、神は味方なのです。どれほどの苦難に遭遇しても、神さまは、「恵みと慈しみの主」なのです。

私たちはよく、神さまに苦情を言うのではないでしょうか。悲惨な現実を前にして、「神さまがいるのなら、何でこんなことが起きるのか」と言う。あるいは、「祈りが聴かれない」と言います。「何年も祈りました。結局、聴いてはいただけなかった」、願いどおりにならない苦情を述べます。場合によっては、神さまを見限ることさえあるかもしれません。しかし詩人は、苦難の原因を神さまの仕業にはしません。ひどく理不尽な現実が襲いかかっているのです。しかしこの中で神さまは、「恵みと慈しみの主」なのです。

注意しましょう。詩人の信仰が強いのではありません。彼は、「特別熱心で敬虔な信仰を持っていた」ということではない。神さまを恵みと慈しみの主と告白するのは、実は、イスラエルの信仰の伝統なのです。詩人は、個人の信仰の強さに立っているのではありません。イスラエルの信仰の伝統に立っているのです。参照しましょう。申命記7章6節以下の言葉です。

**あなたは、あなたの神、主の聖なる民である。あなたの神、主は地の面にいるすべての民の中か**

**らあなたを選び、御自分の宝の民とされた。主が心引かれてあなたたちを選ばれたのは、あなたたちが他のどの民よりも数が多かったからではない。あなたたちは他のどの民よりも貧弱であった。ただ、あなたに対する主の愛のゆえに、あなたたちの先祖に誓われた誓いを守られたゆえに、主は力ある御手をもってあなたたちを導き出し、エジプトの王、ファラオが支配する奴隷の家から救い出されたのである。（申命記7・6—8）**

イスラエルに良い所があるわけではありません。彼らは「どの民よりも貧弱であった」。しかし神が愛したのです。神がイスラエルを憐れみ、奴隷の地から救い出したのです。イスラエルの民にとって重要なのは「わたしの信仰」ではありません。神が、価なき者を愛したのです。神が「恵みと慈しみの主」なのです。これが大事。これがあるから、私の信仰、私たちの信仰は、支えられるのです。意味を持つのです。

詩人はどん底にいました。そして、イスラエルの信仰の中にいました。神さまに対する信頼を失わなかったのです。信仰は、伝えられた所を信じるものです。個人の主観やインスピレーションに立脚して信じるのではありません。それをすると、信じる心は現実に揺さぶられます。「思ったようにいかない。信じたようにはならない」。神さまに苦情を言うようになるでしょう。神さまに見切りをつけてしまうのです。信仰は、伝えられた所を信じるのです。私たちであれば、使徒によって伝えられ、聖書によって証しされている福音を信じます。「イエスは神の子救い主。十字架の死によって私たちの罪を赦し、復活によって永遠の命を約束した。今、私たちと共にいて、働いているお方だ」。これを信じるのです。

**神の御名を賛美してわたしは歌い**
**御名を告白して、神をあがめます。**
**それは雄牛のいけにえよりも**
**角をもち、ひづめの割れた牛よりもなお　主に喜ばれることでしょう。**（31—32）

嘆きの祈りが、賛美に変わります。苦難の日々から賛美に至る。この間、どれほどの月日が流れたのでしょう。詩人は復権を果たしたのでしょうか。あるいは、病が癒されたのでしょうか。詳しいことはわかりません。けれども確かなことがあります。嘆きの日々から賛美をささげる日に至るまで、神はどこまでも「恵みと慈しみの主」です。彼はこの一つで支えられたのです。私たちも同じです。この世の有様は変わっても、神さまの心は変わりません。

**神は、その独り子をお与えになったほどに、世を愛された。独り子を信じる者が一人も滅びないで、永遠の命を得るためである。**（ヨハネ3・16）

私たちであればこの福音を信じるのです。ここに留まるのです。「神は独り子を与えてくださった。主イエスが十字架についてくださった。神は愛である」この一つに留まり続けます。ここから、嘆きは賛美に変わっていきます。神さまが変えてくださる。嘆きに代わって、賛美を与えてくださるのです。

祈り

父なる神さま。試練に遭います。理不尽な出来事に遭います。この中で私たちはつぶやきます。まるであなたの心が変わったかのように思って、不平や不満を言います。そしてあなたの愛を見失ってしまうのです。主よ、私たちを使徒たちの信仰に立つ者とさせてください。福音の言葉を聴き、繰り返して主の十字架を仰ぐことができますように。試練の日は必ず終わります。福音を命の杖として、今日ひと日、主と共に歩ませてください。

主イエス・キリストの御名によって祈ります。アーメン。

# あとがき

「説教壇は説教者の墓場だ。説教者はそこで死に、キリストが甦る」。トゥルナイゼンの言葉です。神学生時代に習いました。この言葉が好きで、今でも憧れています。人間臭い説教は嫌です。礼拝が終わったときに牧師は消え、ただ福音だけが残ってほしいと願っています。牧師はそのためにいる者です。このように考えているのですが、同時に機械的な説教も違うと思います。マタイによる福音書はマタイの匂いがします。ルカによる福音書はルカの匂いがする。それでいいと思います。機械的な役割を果たすために牧師に召されたわけではありません。〝私〟という人間が、福音の務めを担うために召されたのです。そこで、私らしくていいと思っています。

詩編に心を傾けてメッセージを聴いてきました。書かれている言葉に注目するだけではなく、言葉が生み出されたコンテキストを大切にしました。その詩を詠んだ詩人はどのような人で、どのような状況の中で生きていたのかを考えました。さらに、メッセージを聴く人の心を大切にするように心がけました。パンを必要としている人に、石を差し出したくはありません。

本編では、しばしば、日常の中で起きる出来事と心の有様を語っています。私たちが生きる中で経験するどん詰まりに光を当てたかったのです。礼拝の席を顧みればどうでしょう。そこにどのような現実があるのでしょう。「この礼拝が終わったら、母親と二人でウェディングドレスを選びに行く」という女性がいます。そしてその隣で、「この礼拝が終わったら、重篤の母親がいる病院へ直行しなければならない」という人がいます。珍しいことではありません。教会の日常です。世の中の縮図と言えるでしょう。そして詩編の詩人たちもこの現実にいたのです。彼らもそれぞれの現実の中で祈り、嘆き、賛美をささげました。私たちは十字架の許《もと》で詩編の言葉を聴き、嘆きと賛美をささげます。主の御許で今の現実をそのままに祈ることができるのなら、それ自体が大きな救いでしょう。ここにメッセージを聴く中心を置きました。

日本は宣教の地です。数知れない伝道の努力があります。この中で、教会に馴染《なじ》めない人や、つまずきを覚えている人たちがたくさんいます。多くの牧師は、「新来会者→求道者→受洗→教会員」この流れをよしとします。私もそうです。しかし、この流れに入れない人たちがいます。その人たちも神さまから愛され、キリストの許に招かれている人たちです。

教会はどこまでも重要です。新約聖書は教会によって生み出されました。使徒信条をはじめとする諸々の信条も教会によって生み出されています。伝道はどうでしょう。教会に繋がる人々が全世界に出て行って福音を伝えたのです。主の日に信じる者たちが集まり、礼拝をささげて、キリストの臨在を仰ぐことができます。以上を考えれば、教会を抜きにしてキリスト信仰は成り立ちません。同時に、人間が教会を絶対視するとき福音は変質します。私たちが愛を失うとき、教会は裁きの庭に変わります。キリストに生かされている者たちが、小さなひとりに鞭《むち》を打つことが起こります。私は、教会に来られる人にも、教会に来られない人にも、福音を伝えたいのです。この世は厳しいところです。それはキリストが十字架につくほどに、とても厳しいところです。同じ地べたの上で生きている私たちです。主の慈しみによって生かされています。そうであれば、主の御前に平らでありたいと願います。そして目の前にいる誰かに、遠くにいる誰かに、キリストという神の愛を届けたいのです。広く、広く、もっと広く、主キリストをお届けしたいのです。これができれば私は幸せです。

日本FEBCと日本キリスト教団出版局に感謝します。私にとって二つの団体は、伝道の労苦と喜びを共にする福音の同労者です。

皆さまに、主キリストの恵みと平和が豊かにありますように。

二〇一九年六月二十一日

広田叔弘

広田叔弘　ひろた・よしひろ

1960年東京都出身。
1993年3月東京神学大学大学院修了。同年4月日本キリスト教団下石神井教会主任担任教師就任。2008年3月同教会離任。同年4月梅ヶ丘教会主任担任教師就任。現在に至る。
他に、キリスト教放送局日本FEBC番組講師、恵泉女学園中学・高等学校聖書科非常勤講師、恵泉女学園理事、日本聾話学校評議員を務める。

本書はキリスト教放送局日本FEBCが制作した『嘆きは喜びの朝へ——十字架のもとで祈る詩編』(2014年10月から2016年3月放送）の原稿に加筆したものです。FEBCについては、詳しくはHP（http://www.febcjp.com/）をご覧ください。

詩編を読もう　上　嘆きは喜びの朝へ

2019年7月25日　初版発行
2023年12月5日　再版発行

著　者　広　田　叔　弘
発　行　日本キリスト教団出版局
169-0051　東京都新宿区西早稲田2丁目3の18
電話・営業03（3204）0422、編集03（3204）0424
https://bp-uccj.jp

印刷・製本　デジタルパブリッシングサービス

ISBN 978–4–8184–1037–4　C0016　日キ販
Printed in Japan